ÉCLATS
DES
DÉCORS MAÇONNIQUES

Solange Sudarskis

2

Vagabondages maçonniques

TABLE DES MATIÈRES

NB. Pour épargner le lecteur souhaitant accéder aux références de la documentation sur le web, des liens avec frappe au clavier simplifiée ont été créés avec le logiciel *tinyurl.com*.

1 APERÇUS DE QUELQUES DÉCORS

À propos de la *Maçonnéité de l'objet maçonnique*, Marc-Henri Cassagne écrit: «La Maçonnerie fait monde au sens où Littré définit ce terme comme tout ce que nous apercevons d'espace, de corps et d'êtres, ainsi dénommé à cause de l'arrangement et de la régularité qui y règne». On peut sommairement distinguer quatre complexes d'objets maçonniques participant structurellement de la Loge et de ses Travaux, donc du monde maçonnique et que nous pouvons nommer objets ou étants d'un décor théatro-cultuel:

Un complexe d'étants mobiliers

Dans les loges travaillant aux rites constructeurs, l'influence de la Bible est notable dans la dénomination du siège occupé par le Vénérable, la **chaire de Salomon**. Rappelons que le trône de Salomon avait six marches dont chacune devait rappeler un des six commandements spéciaux qu'un roi d'Israël devait observer. Sur chaque marche deux animaux en or se faisaient face, sur la première, un lion et un bœuf, sur la seconde, un loup et un agneau, sur la troisième, un tigre et un chameau, sur la quatrième, un aigle et un paon, sur la cinquième, un chat et un coq, sur la sixième enfin, un faucon et une colombe. À la partie supérieure du trône, une colombe en or tenait, dans son bec, un faucon en or. Quand le roi Salomon montait sur le trône, un merveilleux jeu de pièces composantes se mettait en marche. Dès qu'il avait touché la première marche, le bœuf d'or et le lion d'or tendaient leurs pattes pour soutenir le roi et l'aider à atteindre la marche suivante. De chaque côté, des animaux maintenaient fermement le roi jusqu'à ce qu'il fût bien assis sur le trône. Mais à peine avait-il pris place qu'un aigle d'or lui apportait la grande couronne et la maintenait juste au-dessus de sa tête pour qu'il n'en sentît pas le poids élevé.

Ensuite la colombe d'or s'envolait au-dessus de l'Arche sainte, en sortait une petite Torah en forme de rouleau et la mettait sur les genoux de Salomon, conformément aux préceptes de la Torah selon lesquels elle devait toujours accompagner le roi et lui servir de guide pour régner sur Israël[1].

On appelle **plateau** à la fois l'office tenu par les officiers de la Loges et le petit meuble placé devant certains d'entre eux. Seront disposés sur ces plateaux divers objets symboliques évoquant la nature de leur fonction. Idéalement, le maillet devrait avoir été fabriqué dans le même bois que le plateau ou la table du Vénérable Maître et des Surveillants pour que les vibrations et les résonances soient en harmonie.

L'autel des serments est une Table ou piédestal où sont posés le Volume de la loi sacrée, l'équerre et le compas.

---

[1] <tinyurl.com/trone-salomon>.

Éclats des décors maçonniques

L'autel se trouve à l'intérieur du temple, placé à l'orient, devant le Vénérable (REAA, RF, var. RÉ), ou confondu avec le plateau du Vénérable (var. RÉ, var. MM, RER). Si «de trône [du roi Salomon] exalte, l'autel sanctifie» (Victor Hugo). En tant qu'autel, c'est un endroit élevé.
Au RY il est en plein centre de la loge, au milieu du tapis quand il y en a un. Au RSE/RÉÉ, il est en principe au deuxième tiers du tapis de loge en allant vers l'est, sur l'axe médian.

Aux REAA et, RF, normalement, personne ne doit passer entre l'autel et le Vénérable, afin de ne pas couper le flux qui unit la loge au Vénérable en chaire ou au symbole divin figurant à l'Orient au-dessus de celui-ci.
Aux RY, RSE/RÉÉ, la déambulation doit couper la ligne autel/très Vénérable Maître dans des circonstances très précises du rituel pendant l'initiation. Cette ligne de feu, ou échelle de Jacob, qui va de l'autel terrestre aux symboles du divin est utilisée pour certaines étapes de la transmission spirituelle.

Comme son nom l'indique, c'est là que se prêtent les différents serments d'engagement des francs-maçons (respecter les missions d'officier, respecter les silences correspondant aux divers degrés…).
Il est «couvert», avant les batteries, par la canne du Maître de cérémonies et l'épée de l'expert en formation d'équerre, élevées au-dessus de lui.

Au Rite de MM, il y a en principe deux autels, l'autel des serments et l'autre étant le Naos, qui veut dire «temple» en égyptien, de forme triangulaire, pointe vers l'occident, et en plein milieu de la loge. Son aménagement diffère selon des variantes, mais il supporte généralement les lumières d'ordre, l'encens et les bijoux de loge (règle, équerre, compas).

Le *naos* est le lieu symbolique de la descente du divin dans le plérôme, lieu de la présence divine réelle dans la loge après son invocation. Cet espace est à rapprocher des notions de *Shékhina*, de Saint des saints, de *Kaaba* ou de Graal selon la tradition, c'est-à-dire de réceptacle de la force divine dans le lieu le plus sacré.

Lors de l'allumage des feux d'une loge, dans le Rite Memphis Misraïm, un *naos* est construit et consacré par un patriarche Grand Consécrateur, 66e degré du RAPMM, selon un rituel mêlant géométrie et théurgie d'inspiration gnostique.

Un complexe d'étants se référant au Bâtir

Ainsi des outils (Maillets, Ciseau, Règle, la Pierre brute, Fil à plomb, Perpendiculaire, etc.) et des bâtis (les deux Colonnes, le Pavé mosaïque, la Pierre taillée, les piliers dorique, ionique et corinthienne, etc.)[2].

Un complexe d'étants se référant à la Lumière

Ainsi, on trouve le Delta, le Soleil, la Lune, les candélabres, les fenêtres, etc.[3]

Un complexe d'étants, attributs du franc-Maçon *es* qualités

---

[2] Objets sur lesquels plusieurs chapitres des différents livrets de la Collection *Vagabondages maçonniques* s'attardent.

[3] Ibid, idem.

F.-T. B. Clavel réduit la signification des décors à des métaphores solaires: «Les ornements dont vous êtes décoré rentrent dans l'allégorie solaire, comme les autres circonstances de votre réception. Votre tablier, par sa forme semi-circulaire, figure l'hémisphère inférieur. Le cordon que vous portez de l'épaule gauche à la hanche droite est la bande zodiacale; la couleur en est bleue, parce que, de même que les anciens initiés, les francs-maçons affectent cette couleur aux signes inférieurs du zodiaque. Le bijou suspendu. au bas de votre cordon se compose d'un compas sur une équerre. Le compas est l'emblème du soleil; la tête figure le disque de cet astre; les branches en représentent les rayons. L'équerre fait allusion à cette portion de la circonférence de la terre que le soleil éclaire de son zénith».[4].

L'inventaire fait apparaître d'autres décors: tablier, cordon, sautoir, bijoux d'office, Canne, Troncs de bienfaisance, etc.

Le cordon ou baudrier (en anglais *collars*), est un ruban réversible passant de l'épaule droite à la hanche opposée, dont la couleur définit l'appartenance aux différents rites et degrés. Son revers est noir, il est porté sur cette couleur lors des tenues funèbres. Seul le Vénérable ne retourne pas son cordon.

Les cordons étaient inconnus aux anciens Maçons qui ne faisaient usage que du tablier de peau. Les gravures maçonniques, collectées prouvent qu'il n'y avait que les

---

[4] *Histoire pittoresque de la franc-maçonnerie et des sociétés secrètes anciennes et modernes*, p. 59: <tinyurl.com/histoire-pittoresque>.

dignitaires de Loge qui en portassent. À leurs cordons était attaché le bijou distinctif de leurs fonctions.

Poursuivant l'application des principes d'égalité et de fraternité, la maçonnerie a adopté, pour les maîtres maçons, le cordon bleu semblable au cordon de l'ordre le plus élevé de l'époque de la monarchie française: le cordon du Saint-Esprit, d'où peut-être l'appellation, toujours d'actualité, des loges bleues.

Parfois, on considère qu'il y a une origine double au cordon, aristocratique et militaire (officiers), celui du baudrier portant l'épée dans les anciennes loges régimentaires américaines et britanniques, et dans les loges françaises du XVIIIe siècle. Les roturiers s'empressèrent de s'accaparer cet accessoire par ailleurs réservé dans la vie civile, aux nobles. Pour d'autres, le cordon n'avait qu'un but: suspendre les bijoux et distinguer ainsi les officiers.

En 1759, une gravure montre un cordon blanc porté de l'épaule gauche à la hanche droite par le Duc d'Antin (probablement Souverain Grand Inspecteur Général, car c'est ainsi qu'était décrit en 1812 le port du cordon blanc moiré au 33ème grade du REAA[5], ce qui tend à dire, qu'à ce degré, il n'était pas forcément considéré comme le symbole du port de l'épée en loge. C'est ainsi porté qu'on le rencontre dans les grades d'Élus et de Kadosh; le cordon serait alors le soutien d'un poignard, et non d'une épée. «Ce cordon passe de gauche à droite»[6].

---

[5] <tinyurl.com/cordon-blanc>.

[6] L'unique et parfait tuileur pour les trente-trois grades de la maçonnerie écossaise sans aucun exception, dit Tuileur Abraham, 1812, p.95:
<tinyurl.com/tuileur-abraham>.

Le baudrier, ceinture qui entoure le cœur marque la conscience de l'alliance avec le zodiaque, ceinture des cieux. Il peut donc être considéré comme le symbole de la progression de la vie d'un système solaire, d'une planète et d'un homme.

Il faut noter qu'en dehors de la franc-maçonnerie, le Compagnonnage français, lors de sa renaissance au XIXe siècle, adopta lui aussi des écharpes de différentes couleurs, par imitation des francs-maçons.

Les tabliers

Tous les francs-maçons portent un tablier.

Parmi les Israélites, la ceinture faisait partie de l'investiture de la prêtrise. Dans les mystères de Mithra, en Perse, le candidat était revêtu d'un tablier blanc. Dans les initiations pratiquées en hindoustan, la cérémonie d'investiture fut conservée, mais une ceinture, appelée *zennar* sacré, fut remplacée par le tablier.

Le célèbre voyageur Kaempfer nous apprend que les Japonais, qui pratiquent certains rites d'initiation, investissent leurs candidats avec un tablier blanc, lié autour des reins avec une zone ou une ceinture.

Examinons **un tablier de maçon opératif**. Le corps montre quatre angles droits, formant ainsi un carré, symbole de la matière. Le bavoir, comme on l'appelle dans la maçonnerie opérationnelle, court à la forme d'un triangle équilatéral, symbolise l'esprit; Lorsqu'il est utilisé pour moraliser, le rabat est tombé, représentant ainsi la descente de l'esprit dans la matière, l'âme dans le corps.

Dans la maçonnerie opérationnelle, le sommet du triangle était lacé ou boutonné à la veste, selon la période. Le sommet du triangle a été coupé, tandis que les cordes, qui étaient assez longues pour aller autour du corps et finir à l'avant, ont été attachées là. De sorte qu'il est tout à fait possible, comme un écrivain le suppose, que les cordes pendantes aux bords effilochés puissent avoir leur représentation dans les glands des tabliers des maîtres-maçons.

Sur le frontispice des Constitutions dites d'Anderson, on voit au deuxième plan à gauche un homme tenant un tablier et des gants attendant de les remettre à un dignitaire. Laurence Dermott, dans une lettre aux membres de la confraternité, ajoutée à la 3ème édition de sa Constitution Ahiman Rezon, écrivait à ce sujet: il existait un autre usage qui déplaisait aux jeunes architectes [les Moderns de 1717]; c'était de porter des tabliers, qui semblaient travestir des gentilshommes en ouvriers. On arrêta par conséquent que les frères n'en auraient plus à l'avenir. Cette proposition fut rejetée par les memebres plus âgés qui déclarèrent que puisque des anciens usages il ne leur restait plus que la décoration du tablier pour faire croire qu'ils étaient francs-maçons, ils voulaient pour cette raison le conserver et le porter.
Les Constitutions de 1738 parlent pour la première fois des décors à propos des règlements adoptés en 1731. La première tentative de créer l'uniformité dans le tablier semble avoir été en 1731, quand une motion couvrant toute la question a été soumise à la Grande Loge d'Angleterre par le pasteur Desaguliers. La motion a été soumise le 17 mars, et a été adoptée à l'unanimité. Cependant, comme il ne s'agissait que d'une partie des francs-maçons, même en Angleterre, il ne semble pas y

avoir beaucoup d'altération. À cette époque, beaucoup de tabliers variaient en forme et certains étaient très coûteux et très élaborés, Mais tout cela fut modifié à l'Union des Grands Loges en 1813: «dans le tablier maçonnique, deux choses sont essentielles à la préservation de son caractère symbolique: sa couleur et son matériau». Ainsi selon l'*Encyclopédie de la Franc-maçonnerie* d'Albert G. Mackey, la couleur du tablier d'un franc-maçon doit être de blanc pur sans tache. Cette couleur a été, dans tous les siècles et dans tous les pays, considérée comme un emblème d'innocence et de pureté. Dans la divulgation *Les trois coups distincts*, il est rapporté: «Il me dit que c'était l'insigne de l'innocence, plus ancien que la Toison d'Or ou l'Aigle romaine; plus honorable que l'étoile et la Jarretière ou que tout autre Ordre sous le soleil, qui pourrait m'être conféré à cet instant ou plus tard».
Le tablier d'un franc-maçon doit être fait d'agneau. Aucune autre substance, comme le lin, la soie ou le satin, ne pourrait être substituée sans détruire entièrement le caractère emblématique du tablier, car le matériau du tablier de franc-maçon constitue l'un des symboles les plus importants de sa profession. L'agneau a toujours été considéré comme un emblème approprié de l'innocence. La Grande Loge du Massachusetts a adopté une loi qui impose que «le Tablier d'un maître maçon sera une simple peau d'agneau blanc, de quatorze pouces de large par douze pouces de profondeur».

En 1814, la Grande Loge Unie d'Angleterre détermina que le tablier devait avoir une forme rectangulaire de 16 par 13 *inches*.
Aujourd'hui, pièce de soie ou de peau évoquant symboliquement les tabliers de peau des tailleurs de pierre. Ses ornements et la manière de le porter varient

selon les degrés. L'envers du tablier est souvent noir et, dans ce cas, il y figure fréquemment une tête de mort; il est porté de ce côté pour les tenues funèbres et à certains passages des tenues rituelles du 3ème grade.

Souvenir de l'époque de la maçonnerie opérative, celle des chantiers et des tailleurs de pierre, le tablier est indissociable du franc-maçon; contrairement à un vieil adage, il ne peut y avoir de maçon sans tablier. Quel que soit son métier profane, quel que soit son rang ou sa dignité dans la société civile, il le portera fièrement comme symbole de son appartenance à l'ordre, comme signe de son humilité de cherchant, comme témoignage du travail qu'il vient accomplir en loge: tailler sa pierre, sa propre pierre, c'est-à-dire se perfectionner.

Dans les années 1900-1930, la grande majorité des frères de la Grande loge de France ne porte ni gants ni tabliers. Ce n'est qu'en 1937 que le port du tablier redevient obligatoire à la GLDF.

À l'origine, simple pièce de peau d'agneau blanche bordée, pour les dignitaires, d'un galon de couleur, le tablier s'est progressivement enrichi, aux XVIIIe et XIXe siècles, de symboles peints ou brodés de fils d'or ou d'argent. L'évolution a également porté sur sa forme (rectangulaire, arrondie ou en écusson), ainsi que sur la matière employée (peau, soie, satin, tissu ou même papier).

Puisant dans le corpus maçonnique, les artisans et les brodeurs ont utilisé des éléments historiques, sociaux ou symboliques, différents selon les époques et les pays. En France, la fin du XVIIIe siècle voit le recours à la symbolique du Temple, le Directoire à celui de la vogue de l'égyptomanie (sphinx, pyramides,...), l'Empire à celui de l'apparition des abeilles ou de la ruche et la suite du

XIXe à celui de la thématique de l'équerre et du compas. Dans les pays anglo-saxons, d'autres symboles ont été utilisés telles l'ancre, l'Arche, les vertus théologales[7].

On retrouve «cette même volonté d'allier symbolisme et esthétique sur les objets d'identification maçonnique que sont les diplômes, certificats, passeports et autres brefs, qui témoignent de l'appartenance maçonnique d'un Frère et souvent du degré dont il est titulaire».

En Écosse, le tablier indiquait la loge à laquelle on appartient, il en existe une très grande variété. En France, le tablier signale le rituel que l'on pratique.

Par ailleurs, la couleur du galon de bordure a changé au fur et à mesure de la création des rites maçonniques: d'un certain bleu pour le Rite Émulation (couleur de l'ordre de la Jarretière) et le Rite de Salomon (bleu profond), bleu clair pour le Rite Français et Écossais Rectifié (couleur de l'Ordre du Saint Esprit), rouge pour le REAA qui, à partir de 1803, préfère la couleur de la Légion d'honneur à celui du St Esprit. Le rouge couleur de feu pour le REAA est adopté par le décret du 15 décembre 1808, mais ne fera son apparition dans les rituels qu'après la reprise en main des degrés symboliques par le Suprême Conseil de France en 1821. ROS: le tablier est bordé d'un ruban bleu marine, brodé du soleil, de la lune, de l'étoile à 5 branches et des lacs d'amour, ainsi que les lettres M et B en alphabet maçonnique; le cordon est de la couleur du rite, bleu marine. Au rite de Memphis, c'est le violet qui évoque les violettes de

---

[7] <tinyurl.com/decoration-tabliers>.

Parme où résident la femme et l'enfant de Napoléon (sic Robert Ambelain).

Au XXᵉ siècle, une harmonisation du tablier s'est imposée, avec des décors uniques, dont les seules variations portent sur la couleur selon le rite, le degré (apprenti, compagnon, maître) ou la fonction du frère qui le porte: Vénérable Maître, Grand Officier Provincial ou National... Au grade de Maître, le tablier, en peau ou en satin est bordé de bleu dans les rites et obédiences issus plus ou moins directement de l'andersonisme (Rite Émulation, RF, RÉR), il est bordé de rouge au REAA (celui de la légion d'honneur) et de vert dans la Franc-maçonnerie du bois.

Aujourd'hui, seuls les tabliers dits des Hauts Grades continuent de porter un symbolisme figuratif variant de degré en degré, tel qu'il avait été fixé à la création des rites. Par exemple, sur tablier du 90ᵉᵐᵉ degré de Memphis Misraîm se trouve la lune, le soleil, 7 planètes, un œuf ailé, un palmier à gauche et une échelle à droite.

«Si de nos jours il est habituel de changer de tablier à chaque grade, il semble qu'une tradition plus courante en Angleterre consiste à faire évoluer son propre tablier d'apprenti par ajout des décors du grade directement sur le cuir du tablier de peau blanche de l'apprenti. Ainsi cousu, le tablier évolue avec l'avancée du maçon dans son parcours».

RER. La bordure et la doublure des tabliers de maître sont bleu pâle, les glands d'argent, montrant que le bleu du ciel commence à apparaître dans la blancheur, que l'innocence cède le pas à la connaissance et que l'obtention de degrés est marquée par plus de couleur et plus de beauté.

Dans la maçonnerie américaine de l'*Encyclopaedia* de Albert G. Mackey, le tablier est le même pour les trois degrés de la maçonnerie bleue, il est fait de peau d'agneau et porte une étroite bordure de ruban bleu. En peau d'agneau, il indiquerait que celui qui le porte est la brebis égarée qui appelle le berger et doit devenir l'agneau de Dieu.
D'autres rites indiquent que la bordure doit être rouge de même que les rosettes. Les glands sont alors dorés et leurs sept lignes symbolisent les sept rayons de la vie et les sept états de la matière.

Le tablier standard, tel qu'il a été défini en accord avec les autorités de la GLNF puis repris tel quel par la GLTSO, est orné uniquement du tartan Royal Stuart. Le tablier se porte sous la veste. En effet, les vestes portées avec les kilts sont plus courtes qu'une veste standard et ouvertes devant pour le *sporan*. Au REAA il se porte sur la veste[8].

La blancheur du tablier du compagnon (ainsi que celle de ses gants) sert à prouver l'innocence du récipiendaire, ce tablier sert aussi de masque pour le jeu de rôle du cadavre[9].

La phaléristique (dérivée du mot phalère) est une science auxiliaire de l'histoire qui a pour objet l'étude des ordres, décorations et médailles.

---

[8] Pour voir quelques tabliers de Maître: <tinyurl.com/tablier-maitre>.

[9] À compléter par l'accès à: <tinyurl.com/decors-maconniques>. ou encore *Le tablier et son symbolisme*: <tinyurl.com/tablier-et-son-symbolisme>.

La canne du Maître des Cérémonies pourrait être le souvenir du jonc de Maître Jacques.

Généralement de 24 pouces, composée d'une pomme, d'un jonc et d'un embout, la canne du compagnon servait à l'assister dans ses longs voyages pédestres. Elle était un signe de reconnaissance de son Devoir. Elle pouvait servir de moyen de défense contre ses assaillants éventuels. L'origine de cette canne est relatée par Agricol Perdiguier dans une légende: «Un jour, Maître Jacques s'étant éloigné de ses disciples, il fut assailli par dix disciples de maître Soubise, qui voulaient l'assassiner, et, voulant se sauver, il tomba dans un marais, dont les joncs l'ayant soutenu le mirent à l'abri de leurs coups; pendant que ces lâches cherchaient le moyen de parvenir à lui, ses disciples arrivèrent et le délivrèrent». Plus tard, à sa mort, «des Compagnons, lui ayant ôté sa robe, lui trouvèrent un petit jonc qu'il portait en mémoire de ceux qui l'avaient sauvé lorsqu'il tomba dans le marais. Depuis lors les Compagnons ont adopté le jonc»[10].

Dans certaines loges, il est de coutume d'offrir aux nouveaux compagnons une canne, appareil qui les soutiendra dans leurs différents voyages.

Utilisée par le Maître des Cérémonies, elle représente naturellement l'autorité, le pouvoir, la force, la protection de la loge. Lors de ses déplacements, le Maître des Cérémonies est toujours muni de la canne. Il est à noter que sa canne est faite, normalement, en gaïac, bois brun verdâtre très dur qui est aussi appelé «bois saint» ou «bois de vie» (*lignum vitae*), surmontée d'une boule en

---

[10] <tinyurl.com/port-du-cordon>.

ivoire, son bout est en métal. Elle est donc composée de 3 éléments: végétal, animal et minéral.

Au Rite d'York, la canne prend le nom de bâton qui est, dans certaines circonstances, utilisé comme le maillet en ce sens qu'il sert à invoquer l'Esprit, en rappel du bâton miraculeux de Moïse et de la verge d'Aaron. Le maréchal (marshall) le tourne au-dessus de sa tête lors des déambulations pour indiquer les directions, un peu comme un sergent major, sans toutefois le lancer en l'air. Le Maître des Cérémonies et les deux diacres ont des cannes ou verges plus grandes et plus fines. La canne du Maître des Cérémonies est surmontée d'un bijou représentant deux cannes entrecroisées enlacées d'un ruban, symbole à la fois de discipline et d'harmonie. Les cannes des diacres sont en principe coiffées d'un bijou représentant une colombe en vol tenant un rameau d'olivier, symbole de paix (c'est sous la Pax Romana que le rameau d'olivier s'est imposé comme emblème de la paix, parce que les ambassadeurs des pays envahis le brandissaient en signe de reddition.), rappel de l'alliance noachite et symbole de Mercure, messager qui transporte la connaissance d'un plan de conscience vers un autre, c'est-à-dire du Vénérable vers les surveillants. Lors de phases précises des initiations, le maître de cérémonie et les diacres forment au-dessus du candidat un tétraèdre avec leurs cannes, symbole du passage par le feu. Quand ceux-ci forment la loge ils simulent, avec les intendants, sa charpente symbolique et celle de l'Arche de Noé, ainsi qu'avec les surveillants quand ceux-ci ont un bâton (sinon ils tiennent le chapeau et le maillet du très Vénérable Maître).

Au Rite «standard» ou Écossais d'Écosse, le processus est proche de celui décrit ci-dessus, mais les intendants ne participent pas à l'opération (et ils n'ont pas de bâton). Les cannes des diacres peuvent porter le même bijou qu'au RY, mais plus souvent elles supportent, pour le premier diacre un maillet pesant (*maul*) en airain, symbole de force et d'endurance; pour le second diacre une truelle en forme de cœur, évocation du ciment qui lie les pierres, autrement dit de l'amour fraternel.

Le tronc de bienfaisance circule à la fin des tenues, les frères ou sœurs y déposent leur obole; par extension, le montant des fonds dont dispose l'hospitalier. La finalité du tronc de la veuve est l'entraide.

«L'utilisation des fonds réunis dans le tronc de la veuve sont utilisés dans le cadre d'une œuvre d'assistance fraternelle globale, rassemblant ainsi chaque donation individuelle en un «tronc» commun, un acte de bienfaisance mené collectivement, par une Fraternité qui s'est mise en place par le biais de la Franc-maçonnerie… au même titre que chaque pierre, une fois assemblée aux autres, participe à la réalisation de l'édifice»[11].

En 1808 on trouve dans le *Vocabulaire des francs-maçons* de J. L. Laurens l'expression boète des pauvres.[12]

---

[11] Fabien Berttrand, Thèse, *Regards croisés sur la Franc-maçonnerie*, p.328: <tinyurl.com/tronc-bienfaisance>.
[12] *Vocabulaire des francs-maçons* de J. L. Laurens: <academia.edu/38644750/>.

2 HISTOIRES DE COLONNES

La première chose que l'on voit en entrant en Loge est un couple de colonnes.

Dans l'ancien manuscrit maçonnique *Cooke* (1400-1410), conservé à la Bibliothèque Britannique, on peut lire aux paragraphes 281-326 que **toute la sagesse** antédiluvienne était écrite sur deux grandes colonnes par les quatre enfants de Lamech.

Jabel était l'aîné, il inventa la géométrie, il possédait des troupeaux de moutons pour qui il fabriqua des abris de pierre et de bois. Son frère Jubal inventa l'art de la musique vocale et instrumentale. Le troisième frère Tubalcaïn inventa le travail de la forge, tel que cuivre, acier et fer. Leur sœur Naama inventa l'art du tissage. Après le déluge de Noé, l'une des deux colonnes fut découverte par Pythagore et l'autre par Hermès le Philosophe, qui se consacrèrent à enseigner les textes qui y étaient gravés. On retrouve cette idée dans les questions-réponses du *Dumfries* de 1710: Où le noble art ou science fut-il trouvé lorsqu'il fut perdu? Il fut trouvé sur deux colonnes de pierre, l'une qui ne devait pas sombrer et l'autre qui ne devait pas brûler. Cette légende est inspirée des *Antiquités judaïques* livre 1, chap. 3 de Flavius Josèphe qui écrit: les Séthites furent les inventeurs de cette sorte de sagesse qui se rattache aux corps célestes et à leur ordonnance dans le ciel. Et pour que leurs découvertes ne fussent pas perdues avant d'être suffisamment connues…ils firent deux monuments (un de brique, un de marbre) et ils y inscrivirent leurs découvertes à l'intérieur pour l'humanité. Dans le manuscrit *Grand Lodge n°1* (1583), seule subsiste la colonne d'Hermès, retrouvée par le Grand Hermarines (qui est fait descendant de Sem) qui fut plus tard appelé Hermès, le père de la sagesse». Notons que Pythagore ne figure plus en tant qu'interprète de l'autre colonne. Dans le manuscrit *Dumfries n° 4* (1710) il apparaît également, comme «le grand Hermorian», qui fut appelé «le père de la sagesse».

Il y a 2600 ans, Assarhaddon, le roi d'Assyrie écrivait: «j'ai fait ériger des monuments dont les fondations recèlent des inscriptions gravées dans l'argile cuite pour les temps futurs».

Dans le même ordre d'idée, c'est aussi ce que rapporte l'abbé Terrasson dans son livre Séthos: «on raconte que Mercure, premier roi de Thèbes, fit creuser aux environs de la ville des allées souterraines et tortueuses dont on voit encore les restes, et qu'on appelle les syringes. Il les avait remplies de colonnes carrées ou pyramidales dont toutes les faces étaient chargées des principes de toutes sortes de doctrines, mais en symboles afin que l'art même de l'écriture étant perdu, on pût les expliquer par conjecture et que s'il échappât quelques hommes, ils eussent du moins cette avance. On ajoute que Mercure lui-même avait reçu un semblable secours de quelques colonnes antérieures au déluge et dressées par les rois héros ou demi-dieux, ses prédécesseurs. Par la suite, les

Égyptiens avaient rangé dans la salle des mathématiques à Memphis des colonnes d'une coudée de haut, mais qui dans cette mesure avaient toutes les proportions des colonnes des syringes qui contenaient les principes de cette science. Les propriétés des nombres étaient gravées sur les premières, d'autant que leurs rapports étant sensibles par l'opération seule, ils servent d'éléments et de modèles à tous les rapports mathématiques».[13]
Ce sont ces inscriptions qui auraient inspirés Thalès et Pythagore.

Le symbole de colonnes jumelles a été, depuis des temps immémoriaux, le gardien de portes vers des lieux sacrés et des royaumes mystérieux. Les colonnes marquent le passage vers l'inconnu, vers l'autre monde; même le film King Kong y fait référence avec le mythique animal gardant l'"accès à son territoire.

Sous Nabuchodonosor, les chaldéens **les brisèrent** ainsi que le reste de l'œuvre d'Hiram (2Rois25.13). Le métal des morceaux brisés fut transporté à Babylone (Jérémie;27,19). L'insistance de plusieurs textes relatifs à ces colonnes atteste l'importance qu'elles ont par rapport au temple. Elles sont le commencement, l'entrée, les relais, la porte à franchir, par lesquels et à travers lesquels l'intelligence peut avoir une vision, bien que partielle, du Dieu des Hébreux. Elles marquent l'inaccessible pour le non-initié. Elles sont les clés de la porte du Royaume.

Selon la version de Platon, le royaume perdu d'Atlantide se situait au-delà des colonnes d'Hercule; symboliquement, dépasser les colonnes d'Hercule peut

---

[13] *Sethos,* p. 62 et suivantes: <tinyurl.com/proprietes-nombres>.

signifier quitter l'impureté du monde matériel pour accéder au royaume supérieur de l'illumination.

John S. M. Ward rapporte que deux colonnes, Tat et Tattu, mentionnées dans les anciens papyrus du *Livre des morts* en Égypte, semblent avoir comme signification «en force» et «établir fermement»[14].

En 1770, deux Allemands, von Köppen et von Hymmen, publient le *Crata Repoa*, une suite de textes initiatiques se déroulant en Égypte racontent: l'initiation des prêtres égyptiens (on appelait prêtre tout initié) on plaçait le *pastoris* (le récipiendaire) entre deux colonnes carrées, nommées Betilies, au moment où on ôtait le bandeau de dessus ses yeux. Le *neocoris* (l'initié du deuxième grade) était chargé de laver les colonnes[15]Les colonnes furent d'abord fondues à Saredatha (ville de l'ancienne Galilée dans la tribu de Gad), probablement en utilisant la méthode de la «cire perdue» développée par les Assyriens à l'âge du bronze, probablement vers 1200 avant notre ère, pendant le règne du roi Shalmanesar. À cette époque, la méthode de moulage à la «cire perdue» était bien connue des artisans tyriens. Le poids de chaque colonne a été estimé à 27 tonnes![16] Elles furent nommées Jakin et Boaz (1Rois;7,21) au moment de leur érection devant le Temple; Jø et Bø sont le complément l'une de l'autre et sont indissociablement liées.

---

[14]   *WardJSMFreemasonryAndTheAncientGods*,1921: <tinyurl.com/anciens-dieux>.

[15] Revue L'Initiation, p.32: <tinyurl.com/linitiation-juillet1895>.

[16] Lire le très intéressant article relatant les diverses phases de l'élaboration des colonnes: *Salomon's Temple, the bronze castings of jachin and Boaz pillars* par W. Bro.Harvey Lovewell: <tinyurl.com/colonne-temple>.

Les colonnes du Temple de Salomon avaient, entre autres propriétés, celle de bénéficier d'une excellente acoustique parce que fabriquées en airain: en effet, l'airain devient une caisse de résonance aux basses fréquences qui sont audibles par l'oreille humaine. Un effet d'écho était amplifié du fait que les deux colonnes, proches l'une de l'autre, se transmettaient leurs vibrations jusqu'à amplitude maximum. Seuls le Grand Prêtre, les prêtres désignés, le Chef des armées et le président du Grand Sanhédrin étaient admis dans l'enceinte du Temple. Ainsi, les colonnes, en tant qu'amplificateur sonore, leur auraient permis de s'adresser au peuple amassé sur le parvis ou dans la vallée de Josaphat où il se tenait.

Représentant la branche royale et la branche sacerdotale des Hébreux, elles étaient désignées par les noms de *mishpat* (Justice, droit, rectitude; attributs de Dieu ou de l'homme) et *Tsédeq* (justice; ce qui est moralement, éthiquement droit) avant d'être nommées par Salomon Jakin et Boaz. On a retrouvé dans l'iconographie assyrienne antérieure, un Dieu-soleil flanqué de chaque côté par deux dieux mineurs appelés Mishpat et Tsédek. Quand les deux pouvoirs gouvernaient avec Sagesse, un arc-en-ciel s'installait au-dessus des deux colonnes et la paix (*shlomo* en hébreu) en la personne de Salomon régnait sur le peuple.

Dans les enseignements de la Kabbale, Jakin et Boaz représentent les deux piliers de l'arbre des Séphiroth.

Vous pouvez trouver ***narration de l'installation des colonnes du Temple*** qui, pour imaginaire qu'elle soit, s'inspire des récits bibliques avec une approche guématrique des lettres des noms de ces deux colonnes dans le livret *Clair-obscur des voies de la Connaissance* de la Collection vagabondages maçonniques.

Les deux colonnes du Temple de Salomon ont pu être considérées par des archéologues britanniques comme élément de levier pour actionner la montée et la descente de l'Arche d'Alliance située dans le Saint des saints afin de la dissimuler aux regards interdits.

La Papesse du Tarot est assise entre les deux piliers. Des deux colonnes, l'une est rouge et l'autre bleue. La première correspond au Feu (Ardeur vitale dévorante, activité mâle, Soufre des Alchimistes); la seconde se rapporte à l'Air (souffle qui alimente la vie, sensibilité féminine, Mercure des Sages).

La colonne J à droite du nord-est indique l'emplacement de l'horizon où le soleil se lève au solstice d'été; la colonne B, sur la gauche au sud-est, indique l'emplacement de l'horizon où le soleil se lève le jour du solstice d'hiver, le jour le plus court.
Il est dit que l'union des deux colonnes en génère une troisième, au milieu, qui représente l'homme et l'humanité. La combinaison des deux forces opposées produit le pilier central, l'homme parfait.
Pour ces raisons, Jakin et Boaz sont systématiquement représentées sur des monuments, des édifices et des documents maçonniques. On peut aussi interpréter qu'avec Jakin, symbole de la sagesse (hochmah), la seconde Séphira, et Boaz, celui de l'intelligence (binah), le temple, situé entre les deux, serait considéré comme kéther, la couronne, le Père-Mère.

Pour certains compagnonnages[17] deux colonnes, *Védréra* (colonne de vie) et *Macaboé* (colonne de la douleur), auraient été édifiées par Maître Jacques lui-même, sur le chantier du Temple de Salomon. Chacune d'elles était composée de seize faces et représentait une partie de l'histoire sainte, depuis la création du monde jusqu'à la construction du Temple.

Le caractère anthropomorphique de la colonne trouve également sa confirmation dans le recours, dès l'antiquité grecque, au corps humain en lieu et place du fût de la colonne. C'est le cas à l'Érechthéion à Athènes, où les caryatides supportent des chapiteaux ioniques, comme ce sera plus tard le cas dans le recours aux atlantes, supportant des architraves en lieu et place des colonnes. Notons cependant que cette substitution est l'expression même de la privation de liberté: les caryatides sont des esclaves et, comme les atlantes, leur servilité est exprimée par le poids de l'édifice qu'elles ont à supporter.
À l'inverse, pour que la colonne soit l'expression de l'«homme debout», de l'homme libre en somme, il faut la libérer de l'architrave qu'elle supporte habituellement. C'est le cas des colonnes commémoratives que l'on dispose, dès l'antiquité, dans l'espace public, en l'honneur d'une divinité, d'un événement ou d'une personnalité remarquable[18].

À l'entrée du temple maçonnique, deux colonnes sont placées à droite et à gauche, au nord et au sud, différenciées par les lettres J et B. Elles sont surmontées

---

[17] F. Icher, Sur le chemin des Compagnons

[18] Les manuels de Jean-Scot Erigène n°1 - Les cinq voyages du Compagnon: <tinyurl.com/voyages-du-compagnon>.

l'une par trois grenades, de sept rangs de chaînes et l'autre par une mappemonde. La connaissance du nom de ces colonnes est l'un des plus anciens secrets maçonniques, puisqu'il est attesté dès le XVIIe siècle.

Faites une pause et prolonger ce propos avec l'interprétation mystique chrétienne de la conférence, *Les deux colonnes du Temple de Salomon* expliquées par un décryptage des mots hébreux du Texte biblique[19].

Colonne en Franc-maçonnerie est un mot plurisémantique qui désigne

~ Les deux rangées de sièges de part et d'autre du temple, ayant chacune son surveillant de colonne. Les apprentis sont au nord, les compagnons au midi, les maîtres sur l'une ou l'autre colonne de leur choix. Ainsi, ces colonnes définissent une travée allant de l'Occident à l'Orient.

~ Dans la plupart des loges de France et d'Europe continentale, aux trois premiers degrés, les trois colonnes qui entourent le tapis de loge sont appelées colonnettes ou piliers.

~ Parfois, Les Colonnes sont des rangées de canons c'est-à-dire de verres alignés sur une table lors des banquets maçonniques ou Travaux de Table.

~ Mais surtout les colonnes matérialisées à l'entrée sont un symbole maçonnique représentant la construction du temple intérieur et moral.

Selon les Rites, les colonnes du Nord et du Sud se présentent dans deux positions opposées, à droite ou à gauche en entrant dans le Temple. Pour comprendre la

---

[19] Vidéo, *Les deux colonnes du Temple de Salomon*:
<tinyurl.com/interprétation-nom-colonnes>.

querelle de la position des colonnes à droite ou à gauche en entrant en loge, écouter le commentaire historique d'Alain Bauer qui rétablit une vérité peu connue[20].

En 1723 un article du Post Boy révèle intégralement les règlements établis quelques mois avant. Le contre-espionnage maçonnique change la place des colonnes J et B par une circulaire intérieure afin de reconnaître les intrus. Les Français bougent également la position des colonnes. Les Anglais, au bout de 6 mois remettent les colonnes en place antérieure, mais les Français les conservent. La dernière version des constitutions d'Anderson rapporte en effet que «quelques variations furent faites dans les formes établies»afin de mettre un terme aux abus constatés.

En I Rois 7, 21, c'est Hiram qui nomme les colonnes, alors qu'en 2 Chroniques 3, 17 c'est Salomon qui les nomme, le texte précise: Jakin à droite (au sud) en sortant du Temple, Boaz à gauche. Détail intéressant non seulement pour la place des colonnes en loge, mais aussi parce que cela oriente le Temple de Salomon ouvert sur l'est.[21]

Reste la querelle maçonnique. Derrière le problème de la position des deux colonnes il y a celui de l'inversion des mots secrets des deux premiers grades (chez les Modernes c'était J. au premier grade et B. au second, et le contraire chez les Anciens). Les Colonnes apparaissent ensemble au Grade d'Apprenti dès le premier Rituel, celui de Luquet de 1740-44. En page 11 du *Manuscrit du Corps complet de Maçonnerie adopté par la R.G.L de France*

---

[20] Vidéos, Roger Dachez et Alain Bauer: <tinyurl.com/place-colonnes>.

[21] Compléter avec le texte L'emplacement des colonnes du temple, leurs paroles et autres considérations éclairantes <tinyurl.com/emplacement-colonnes>.

dans les années 1760, sous le titre «Disposition de la Loge» il est indiqué: «La colonne des Apprentis, appelée I, sera au nord de la Loge: elle doit être isolée, derrière le second Surveillant. La colonne B sera également au nord de la Loge, derrière le premier Surveillant».[22]

Un rituel fait exception sur la présence des deux colonnes ensemble dans la loge, le Rituel de Clermont de 1765). Ici les Colonnes apparaissent séparées. La Colonne J apparaît au 1er Degré, la Colonne B est annoncée au 2ème Degré.

Dans le catéchisme du *The Whole Institution of Mansory* de 1724, il est écrit que le secret maçonnique concerne les deux colonnes avec l'explication suivante: Jachin signifie, Force et Boaz, Beau. Les colonnes faisaient référence aux deux Fils d'Abraham, l'un de la Femme Libre et l'autre de l'esclave. Et faisaient référence aussi aux deux Alliances, L'une du travail et l'autre de la grâce gratuite[23].

Il ne s'agit cependant que d'un secret symbolique (que les adversaires de la Franc-maçonnerie ont parfois appelé un «secret de Polichinelle»), puisque leur nom est écrit en toutes lettres dans la Bible.

Les colonnes bibliques du Temple de Salomon portent un message dans la synthèse de l'exploration de leurs nom en hébreu: il faut entrer en soi-même; se reconnaître pécheur; passer par le chemin étroit, du dépouillement; pour un désir d'accroissement[24]

J et B font du terme «deux», du binaire, le principe fondamental, essentiel de l'existence du monde sensible et de la vie du genre humain. Elles correspondent au

---

[22] Pour comprendre la Position des colonnes au Rite Français: < tinyurl.com/position-colonnes-RF>.

[23] p.81: <tinyurl.com/catechisme-maconnique>.

[24] : <tinyurl.com/colonnes-bibliques>..

principe de dualité: sujet-objet, agent-patient, actif-passif, positif-négatif, mâle-femelle, père-mère, donner-recevoir, agir-sentir, esprit-matière, soleil-lune (comme on peut le voir avec les girouettes posées sur les deux flèches de la cathédrale de Chartres), abstrait-concret...

Pour les anciens ce couple est solsticial. Il évoque la course du soleil sur le plan terrestre. B indique le jour le plus long et J le jour le plus court[25]. L'une est dite placée au nord (septentrion), l'autre au sud (midi). Elles ne devraient donc jamais être envisagées séparément!

Les 2 colonnes dressent dans leurs significations tout l'arbre séphirotique. En J la voie active de la manifestation, en B, la voie passive. Ces piliers extérieurs sont les reflets clairement différenciés en mâle et femelle de l'homme androgyne créé dans le monde de *Bériah* et séparé en Adam et Ève en *Yethsirah*.
Les textes ne disent pas qu'elles sont symétriques ni semblables. L'une d'elle est décrite par sa hauteur, l'autre par son diamètre: «Il forme les deux colonnes de bronze; taille de la première colonne, dix-huit coudées. Un fil de douze coudées entoure la deuxième colonne». Ce serait une erreur d'interprétation que de les rendre pareilles. Il s'établit ainsi une correspondance, une altérité sans identification, de celle qui est haute, de celle qui est large. C'est affirmer la différence, maintenir et laisser libre la dimension de l'étrangeté et de l'ailleurs. C'est dire que l'autre ne revient pas toujours au même.
Les colonnes sont séparées, à côté l'une de l'autre. Pas ensemble, pas homme et femme à la fois.

---

[25] Roger Dachez, Place des colonnes en loge- Différences entre modernes et anciens: <tinyurl.com/colonnes-et-soleil>.

Blanche ou rouge, à gauche ou à droite, mâle ou femelle, avec des grenades ou des lys, bronze ou airain. Peu importe. La colonne décrite par sa hauteur, c'est la colonne en élévation, en érection dont l'énergie est ascendante. C'est J la verticalité. Celle définie par son enceinte, c'est B, l'horizontalité.

En passant entre J et B, l'initié réintègre en lui ces deux orientations et reçoit la croix.

Parce que séparées les colonnes tracent un seuil entre deux polarités. Le traverser, pour pénétrer dans l'espace réservé, c'est se laisser irradier par la magie du passage au milieu, qui fait la synthèse du principe mâle et du principe femelle. L'ouverture rend possible le passage d'un mode d'être à un autre, d'une situation existentielle à une autre. Pour s'achever, l'homme doit traverser le seuil marqué par les colonnes et se retrouver naissant une deuxième fois spirituellement. Les deux colonnes du temple maçonnique agissent comme un portail conduisant aux Mystères par leur situation de chaque côté de l'entrée vers un endroit sacré. «Le duo Jakin/Boaz dans sa situation dedans-dehors faisant césure entre le Temple et la Loge reste une entrée commune aux deux plans de la loge et du temple. Ces colonnes ambidextres (la fin d'un cycle solsticial se confond avec le début de l'autre) et bifrontales (Janus) offrent une réelle perspective de l'entrée du Temple en relation symétrique avec l'entrée dans la Loge. Pour aller de la Loge au Temple, il faut «rétablir»l'entrée. La notion d'entrée est donc commune à la Loge et au Temple et les deux plans organisent le passage de l'un a l'autre dans l'inversion du sens: sens humain: entrée par le couchant, sens divin: entrée par le levant. Le fait de «rétablir»suppose symboliquement un retour à l'origine, une remontée vers une situation, celle qui précède la chute de l'homme ou la destruction du Temple, ce qui confirme que l'image du Temple en général a vocation de rétablir l'état originel qui se traduira au final par la vision d'une Jérusalem céleste. Ainsi peut-on dire que la Loge est adossée au Temple qui est l'œuvre à accomplir en soi pour avoir la vision».[26]

Ces rôles sont ainsi résumés par Guy Chassagnard: «considérées de bas en haut, les colonnes élèvent l'homme vers le spirituel. De gauche à droite, elles sont une limite. D'arrière en avant, elles mènent à l'initiation. En sens contraire, de haut en bas, elles symbolisent la présence du Créateur».

Le retour à l'unité, c'est ne pas s'identifier à une seule colonne, mais être le lieu de la réintégration de leurs significations: Boaz attend son médiateur vers Jakin.
Dans le Rite Écossais, les Apprentis Maçonniques prennent place à côté de la colonne Boaz, et là ils sont instruits sur l'éducation morale, la spiritualité et l'éthique maçonnique, concepts parfaitement associés à l'archétype Anima. Du côté de la colonne Jachin, prennent place les Compagnons Maçons, qui, contrairement aux apprentis, ont leurs enseignements axés sur les arts libéraux ou les sciences, ainsi que sur certaines connaissances ésotériques, caractéristiques de l'Animus.[27]

---

[26] Du miroir initiatique au miroir hermétique:
<tinyurl.com/miroir-hermetique>.
[27] <gadlu.info/les-effets-psychologiques-de-la-pratique-du-rituel-maconnique/>

Dans les rituels anglo-saxons, les deux colonnes B et J sont, avant tout, le rappel de deux des trois fonctions cosmologiques: royale (*mishpat*) et sacerdotale (*tsedeq*), la troisième étant la prophétique (*shalom*); royale pour Boaz (aïeul de David et de Salomon), sacerdotale pour Jakin (prêtre assistant lors de la consécration du Temple). La fonction prophétique peut être regardée comme l'axe médian invisible formé par la ligne située entre le Très Vénérable Maître (symbole divin d'orient quand il y en a un) et l'autel, axe sur lequel le candidat reçoit les différentes phases mystiques de l'initiation, sous la forme d'une connaissance immanente de soi et du divin. En effet, jamais on ne crée, constitue ou reçoit le candidat franc-maçon, on le constate simplement après.

Passer entre les colonnes lors de notre entrée, c'est une mise en mouvement, c'est mettre en mouvement les colonnes à la manière des deux rouleaux permettant de dérouler la Torah.

Le prince de Hesse croyait qu'il y avait deux Maçonneries, celle de la Nature et celle de la Promesse, que Jésus-Christ avait mené les hommes de l'une à l'autre et que saint Jean les avait réunies. Saint Jean devait être, pour les Maçons, la «troisième colonne».[28]

Au sens figuré, élever les colonnes ou les abattre, peut aussi signifier l'ouverture et la clôture des travaux en loge.

---

[28] Alice Joly, nbp N° 7, p. 257 *Un Mystique lyonnais, et les secrets de la Franc-maçonnerie*, Jean-Baptiste Willermoz, 1938: <tinyurl.com/un-mystique-lyonnais>.

Dans les Rituels anglo-saxons, une petite colonne, surmontée d'un globe terrestre, est présente à côté ou sur le plateau du second surveillant, ainsi qu'une autre, près du premier surveillant, avec une sphère céleste ou zodiacale. Leur présence explique le voyage initiatique du maçon ainsi symbolisé par une translation de la terre au ciel.

Selon les rituels, la colonnette Terre est levée et la colonnette Ciel baissée quand la loge est fermée ou que les travaux sont suspendus; inversement quand la loge est ouverte. C'est un signal visuel pour appeler les ouvriers du travail maçonnique au repos (réalités terrestres) ou du repos au travail (cieux symbolisant la spiritualité)[29].

---

[29] Compléter avec le texte de Guy Chassagnard, *Pourquoi des Colonnes et des Colonnettes dans le temple?*: <tinyurl.com/colonnes-dans-le-temple>.

3 LE PAVÉ MOSAÏQUE, CHEMIN SPIRITUEL

«Le maître-constructeur persan moderne [début XXe siècle] élabore ses idées par une méthode secrète, dans laquelle un plan est divisé en carrés égaux en damier, dont chaque carré représente une ou quatre briques carrées telles que celles utilisées en Perse. Il s'agit d'une miniature de celui qui est transféré au sol de l'atelier du Maître, où les motifs sont incisés dans un plâtre prêt à servir de moule à partir duquel des dalles peuvent être coulées. Il est encore en pratique secrète en Perse et s'accorde avec les plans carrés de l'ancienne Égypte qui servaient à fixer un canon de proportion. La Franc-maçonnerie dit que le temple de Salomon avait des carrés d'une coudée, maintenant représentés sur leur tapis"[30].

L'origine du mot mosaïque serait celle du *mouséion*, temple des muses et des arts. Hérodote avait fait entendre, dans l'assemblée des jeux olympiques, une histoire de la Grèce enchaînée à celle de la plupart des nations voisines. Cet ouvrage, écrit d'un style coulant, clair et persuasif, avait tellement enchantés les Grecs,

---

[30] John Yarker, Chap. 3, *The Arcanes Schools, Aryan civilisation and mysteries*, 1909, texte en anglais: <hermetics.org/yarker2.html>.

qu'ils avaient donné aux neuf livres qui le composent le nom des neufs muses[31].

Hesiode évoque les muses ainsi: "leur voix ravissante chante les lois de l'univers et la vie divine des immortels."[32]

Une mosaïque est une décoration qui assemble des fragments pour en faire des motifs ou des figures. Ces fragments sont appelés des tesselles. **Lithostroton**, est le mot latin utilisé par Pline pour désigner un pavage en mosaïque, une marquèterie de pierres[33].

La mosaïque sert au pavage du sol du temple maçonnique. C'est un assemblage complètement équilibré, parfait en régularité, de carreaux noirs et blancs alternés à l'infini, de lignes jointives sans épaisseur visibles en diagonale. Comme le rapporte Étienne Hermant, le Pavé mosaïque apparaît très tôt en maçonnerie et bien avant 1717 contrairement à ce qui a été avancé. Il apparaît déjà dans le *Édimbourg Register House* de 1696 dans la description des Trois joyaux (une pierre taillée, un pavage quadrillé et un large ovale), puis dans le Manuscrit Sloane de 1700 avec la même dénomination. On le trouve présenté dans la Convocation des Maçons Antédiluviens de 1726 à la suite de l'annonce d'une harangue dans le style Henleien, puis dans le *Ms Mason's Examination* (sous la dénomination de pavé d'équerre) et le *Ms Wilkinson* (pavé mosaïque), tous deux de 1727. Quant à l'étoile au centre

---

[31] Fabre d'Olivet, *Les vers dorés de Pythagore expliqués*, p.96: <tinyurl.com/pythagore-vers-dores>.

[32] Hésiode, *La Théogonie*: <tinyurl.com/hesiode-theogonie>.

[33] Philippe Bruneau, *Deux noms antiques de pavement:* ΚΑΤΑΚΛΥΣΤΟΝ et ΛΙΘΟΣΤΡΩΤΟΝ, p.431: <tinyurl.com/lithostroton>.

du Pavé mosaïque, il ne s'agit pas d'une fantaisie, elle est présentée de cette manière dans la *Maçonnerie Disséquée* de Samuel Prichard de 1730 en désignation des «meubles dans votre loge»: le Pavé mosaïque qui couvre le sol de la Loge, l'étoile Flamboyante au centre et la bordure dentelée autour. La bordure dentelée qui entoure le Tapis de Loge donne la signification de l'ensemble du quadrillage. Il s'agit de la séparation du chaos (triangles noirs tentant de percer la Lumière et de l'envahir) et du monde créé (triangles blancs repoussant l'assaut), entre le monde profane et l'espace sacré.

On assiste au triomphe de la Lumière sur la Ténèbre. Le Tableau de Loge, au centre du pavé mosaïque est un carré Long de Lumière que les ténèbres tentent d'envahir, la Lumière luit dans les Ténèbres et les Ténèbres n'ont pu s'en accaparer. Cette Lumière est consacrée au centre de la Loge par Beauté-Force-Sagesse lors de l'allumage des Piliers. Le pavé mosaïque est la réconciliation des deux extrêmes que sont les ténèbres et la lumière, le bien et le mal, Dieu et le Diable, l'infini négatif et l'infini positif des mathématiciens qui ne sont qu'Un. Pour cela, les Chevaliers du Temple en firent leur gonfanon composé, par moitié, du noir et du blanc, appelé aussi baussant signifiant «mi-parti de couleur».

Si plusieurs textes font du pavé mosaïque une sorte de planche à tracer, pour certains textes anciens, le pavé mosaïque, faisant partie des bijoux immobiles, est le sol de la loge. Dans le *Sloane* (1700), le Pavé est appelé Pavé d'Équerre.: «Combien de bijoux y a-t-il dans la Loge? Trois: le pavé d'équerre, l'étoile flamboyante et le «parpaing».

Dans le *Prichard* (1730), les bijoux sont remplacés par des meubles et le parpaing devient la houppe dentelée: «Y a-t-il des meubles dans la Loge? Le pavé mosaïque, l'étoile Flamboyante et la houppe dentelée...le pavé mosaïque est le sol de la Loge».
REAA début XIXe: «Avez-vous des meubles dans votre Loge? R. Oui. D. Quels sont-ils? R. Le pavé mosaïque, l'étoile flamboyante et la houppe dentelée. D. Quel est leur usage? R. Le pavé mosaïque est le sol de la Loge, l'étoile Flamboyante le Centre, et la houppe dentelée la bordure tout autour». Aucune explication n'est vraiment donnée. Mais dans le paragraphe «Décoration de la Loge» de ce Rite, dont la plus ancienne version connue remonte à 1804, il est précisé que le sol de la Loge est pavé de carreaux noirs et blancs alternés. Pour ce rite, le pavé mosaïque est, de plus, strictement associé aux deux colonnes, J et B; il doit être disposé entre elles, à l'entrée du Temple, de façon que l'on soit obligé d'en fouler les dalles pour s'avancer en loge. Et de rajouter ce conseil de décoration: lorsqu'il est aménagé autrement, il y a lieu d'incorporer un tel pavage, sous forme réduite d'un carré long placé au centre de la Loge, orienté comme cette dernière. Les proportions du rectangle doivent s'approcher au plus près du rapport harmonique, il prend alors le nom de «carré long» (8 par 5, en général, se rapprochant le plus de la divine proportion). Le pavage peut être représenté par un tissu, une natte, symbole de l'isolement vis-à-vis de la terre et de ses salissures empêchant la prise de racine et offrant ainsi une possibilité d'élévation.

Il s'agit alors d'un simple rappel du pavement de carreaux noirs et blancs, au centre de la loge à l'endroit où l'on place le Tableau de Loge. De là à prétendre qu'il est interdit de marcher sur le pavé mosaïque, il y a une déduction qui est fausse en son essence.

C'est sur lui, comme sur un canevas, que les pas rituels s'exécutent laissant penser que les marches rituelles sont des techniques d'art de la mémoire des tracés géométriques.

Le pavé mosaïque est un lieu sur lequel il faut passer, «nous devons marcher sur le pavé mosaïque, représentant les joies et les peines». Le pavé mosaïque marque donc le passage du profane au sacré, que l'initié doit justement fouler pour poursuivre la voie. Il guide l'initié sur la voie droite, le maintient dans l'axe de l'Orient.

Le pavé mosaïque n'est pas un déterminisme du bien et du mal, il est le symbole de la liberté montrant le choix laissé à chacun d'agir. L'existence du libre-arbitre peut-être entendu comme un pouvoir absolu de commencement. N'est-ce pas pour cela qu'il faut marcher sur le pavé mosaïque en entrant en loge?

Au rite de Salomon et Memphis Misraïm, l'interstice des carreaux est un fil bleu foncé, représentant l'espace infini; on l'appelle un virolet (n'est-il pas l'anagramme de Vitriol?), c'est aussi le cordeau bleu qui sert à tracer au sol ainsi que le niveau des constructions. Ce fil évoque aussi cette mystérieuse couleur bleue, tékhélet (תְּכֵלֶת), citée 50 fois dans la Bible, que les hébreux utilisaient pour la fabrication d'objets sacrés.

De Tradition immémoriale, on raconte que, dans des temps très anciens, des colorants d'une couleur bleue très particulière provenant d'une sorte de «poisson» si rare et si recherché, furent réservés aux seuls puissants. Selon les époques, les textes nous affirment même, qu'ils se vendaient jusqu'à 20 fois le prix de l'or. La Septante traduit le terme Tékhelèt (תְּכֵלֶת), par un mot *uachinthinos* υαχινθινοσ, qui désigne des objets variant entre bleu et violet (yacinthe). La seconde traduction de référence est celle dite de la Vulgate de St Jérôme vers l'an 400, celle-ci en langue latine, puisque entre-temps la Méditerranée était devenue romaine. Le mot employé n'est pas très original *hyachintinum*, reprenant l'étymologie et le sens grec. C'est cette couleur seule qui permet le contact avec Yahwéh, elle signale le plus haut degré de sainteté, révèle la Présence indicible, colore la fonction la plus éminente du Temple, c'est-à-dire celle du Grand Prêtre et l'emballage des choses saintes (Exode, 39,1). Cette couleur Tékhelèt vient d'une racine trilitère hébraïque TKL signifiant à la fois le but, la quête, et la totalité[34].

---

[34] *Le Bleu en Loge Maçonnique ... deux voies symboliques*: <tinyurl.com/le-bleu-en-loge>.

4 TAPIS DE LOGE, TAPIS D'ÉLOGES

Tapis, tableau ou tracé de loge sont les mots pour désigner une image narrative composée de nombreux objets symboliques liés à l'art de bâtir ou à l'architecture. Cette collection d'objets se combine pour donner un sens opératif, symbolique et métaphorique au Tableau. Cette lecture symbolique se dédouble en construction de soi et en construction d'un monde idéal.

Selon étienne Hermant, nous ne disposons d'aucune trace d'un quelconque Tableau de Loge dans les premières divulgations (ni au XVIIe siècle avec le *Register House*, ni dans le premier tiers du XVIIIe siècle avec les divulgations écossaises, irlandaises et anglaises). Aucune trace d'un quelconque Tableau de Loge dans les quelques 120 Old Charges. Le Compagnonnage français n'en fait pas plus état (il est question d'épures, mais sans références à un quelconque support). Dans le *Manuscrit Simon and Philip* daté de 1725 /1740, il y a deux dessins de la forme d'une Loge (tracé du périmètre de la Loge des Old Masons et des New Masons) et non de Tableaux de Loge (Le tracé du tableau de loge fut dénommé «Plan de la Loge», ou «Véritable plan de la loge de réception d'un Apprenti Compagnon »).

Pas de trace de tableaux de Loge non plus dans le *Masonry Dissected* de Prichard de 1730. En Angleterre, la première apparition d'un Tableau de Loge se dégage d'une illustration de 1742 connue sous le nom de *Grand procession of the Scald Miserable Masons, Passing Old Somerset House, Strand, London*. On fait état de tracés à la craie vers ces années, voir ultérieurement (dans *Jachin and Boaz*, par exemple, daté de 1762) en affirmant que ces tracés étaient pratiqués par la Grande Loge de Londres. Il n'est pas exclu que, vers 1720, les premiers maçons spéculatifs n'avaient pas de Tableaux de Loge. «L'hypothèse avancée ferait état de l'emploi de la craie par les *Old Masons* et du ruban par les *Moderns*.

Avant la création de la première Grande Loge de Londres et Westminster en 1717, de nombreuses Loges étaient privées de lieux spécifiques et se réunissaient dans des maisons privées[35], voire sur des bateaux, ou des auberges et une forme était délimitée par un marquage au sol qui devenait le lieu consacré à la Loge. La forme tracée était celle d'une croix avant que Désaguliers n'en fasse un rectangle. Il est aussi admis que l'une des innovations introduite vers 1720 par Désaguliers a été l'utilisation de rubans, clous, lettres mobiles, étoiles, etc., en lieu et place de l'ancien système consistant à tracer la Loge avec de la craie ou au charbon sur le sol du local «en remplacement de la grande indignité de la serpillère et du seau». Par la suite c'est le tapis de Loge qui remplacera tout tracé.

---

[35] On le voit encore sur le Tableau général des 129 ateliers de 1930 sous le numéro 105, pl. n° 7a du texte *Cérémonies et coutumes religieuses de tous les peuples du monde*: <tinyurl.com/ceremonies-du-monde>.

Tout lieu où se réunissaient les francs-maçons, auberges, tavernes, salons ou antichambres, pouvait donc être transformé en temple. Il suffisait pour cela de tracer à la craie, sur le sol, le tableau symbolique du degré auquel l'atelier ou la loge travaillait[36]
Ensuite on effaçait ce tableau après chaque tenue.

Mais dès le début des années 1740, par commodité, mais aussi pour assurer l'exécution d'une compostions graphique et symbolique toujours exacte, on prit l'habitude de les réaliser sur des supports de bois ou de toile que l'on disposait sur le sol pendant le temps des travaux, d'où le nom de tapis de loge. Au cours de la première moitié du XVIIIe siècle, les éléments symboliques constitutifs du tableau de Loge (puis tapis de Loge) vont muter, d'abord depuis ce tableau vers les tabliers, qui deviennent vite de véritables tapis de loge portatifs, vers des objets que l'on porte ou que l'on emporte avec soi – vaisselle, cannes, tabatières – puis vers les parois, sols et plafond du local de réunion, salon particulier ou arrière salle de taverne, et temple de circonstance[37]

Le tableau de loge ne fut pas toujours couché sur le sol. En effet, les Ancients, la Grande Loge rivale de la grande loge d'Angleterre de 1717 dite des Moderns, ignoraient l'usage du tableau. Le centre de la loge répondait, chez les Ancients, à un agencement précis, mais le tableau n'y

---

[36] *Le Maçon démasqué ou le vrai secret des francs-maçons*, page 25: <tinyurl.com/le-macon-demasque>.

[37] François Gruson, *Architecture maçonnique, architecture de l'esprit:* <academia.edu/5183992/>.

figurait pas, alors que les Moderns en faisaient un élément essentiel au centre de la loge. D'où le compromis curieux de l'Union de 1813 qui marqua la naissance de la grande Loge unie d'Angleterre: on garda le tableau des Moderns, mais pas au centre la loge. Il fut déposé debout contre le plateau du 2nd surveillant. On trouve également des témoignages iconographiques du 18ème siècle où la tenue se faisait autour de la «planche à tréteaux» ou «tableau de chevalet». Les Frères, réunis au centre de la loge, sont assis autour d'une table dressée sur des tréteaux et sur laquelle repose le tableau lui-même. Les Officiers sont placés autour de ce tableau et le travail se fait sous la direction du Vénérable Maître. On peut alors étudier et commenter les différents éléments du tableau qui sont sous les yeux des Frères, et alterner ce travail avec la citation et les commentaires des Instructions qui s'y rapportent dans les différents grades.

Et puis, certaines loges, étant arrivées peu à peu à acquérir la disposition de locaux réservés, firent figurer les décorations rituelles à leur place précise; **au lieu de rester sur un plan, les symboles furent érigés en volume.** Ce fut le début des constructions de temples maçonniques, mais on conserva le tapis de loge pour sanctifier le temps et l'espace des tenues. Autrement dit, le tableau de loge n'est pas la projection au sol du temple maçonnique, mais au contraire c'est le décor du temple maçonnique qui est la représentation en trois dimensions du tableau.

Aujourd'hui, il est un tableau (ou un tapis) éthique et métaphysique représentant les éléments symboliques les plus importants du degré pratiqués dans la loge.

Les éléments qui composent le tableau forment autant de plans superposés: un plan spatial et cosmologique, un plan architectural, un plan opératif (matériaux, outils, connaissances utiles à l'art de bâtir), un plan religieux (le cordon aux deux lacs d'amour d'origine chrétienne), un plan d'*ars memorandi*. Par le Tableau de loge et par la taille de sa pierre, le franc-maçon affirme son intention de s'unir à la totalité en reproduisant pour lui-même (dimension éthique) et pour le monde visible et invisible (dimension métaphysique) une analogie symbolique. «Ce Tableau architecturé, centré, éclairé et ordonné est un réceptacle qui permet d'appréhender une méthodologie, un paradigme et les fameuses lois de correspondances si chères aux maçons-symbolistes, aux hermétistes et aux métaphysiciens. Il suggère une spiritualité construite agissante, car la fonction de la loge est d'éveiller sur les trois plans, physique mental et spirituel des maçons qui tailleront leur pierre et bâtiront un Temple pour la Lumière»!

Le tapis de loge est déposé au sol. À un moment donné du rituel, il est déroulé (matière souple) ou découvert (panneau rigide), dans certains rites, au début de la cérémonie et replié ou retourné à la fin. Il est parfois dessiné en début de tenue, puis effacé, parfois il est construit avec les outils qu'il est censé évoquer.

L'ensemble combiné donne une incorporation du symbole par la geste du grade, par ses pas, ses signes, postures et circulations. Les éléments graphiques du Tapis font allusion à quatre bipolarisations:

La relation entre le plan terrestre et le ciel génère la vie sous l'égide de la Lumière (les cycles cosmogoniques, lune-soleil, colonnes solsticiales) dont la loge est témoin.

La relation entre la matière transformée et l'esprit produit une pierre cubique.

La relation entre outils, instruments et l'œuvre à accomplir enfante la réalisation de soi face à l'être épars. La séparation de l'espace sacré et ordonné (murailles du temple, porte) du monde profane désordonné réalise: 1- sur le plan horizontal l'union des Frères et sœurs (corde à nœuds, houppe dentelée, grenades) en opposition au monde profane sans filiation; 2- dans l'axe vertical la relation au divin, transcendance, spiritualité… (temple, maison du divin), en opposition au monde du dualisme[38].

Analysant les tableaux du deuxième grade de la Maçonnerie anglaise, Philippe Langlet souligne que «les Tableaux illustrent graphiquement une partie de ce que les rituels énoncent» et d'ajouter «les Tableaux utilisent, de manière récurrente, des symboles du divin, et les placent de telle manière qu'ils soient perçus avant tout autre élément».

En somme, le tapis recouvre la matérialité du pavé mosaïque par une visée spirituelle en tant que lieu central et sacré de la Loge.

N'oublions pas que le tapis de loge est «effacé» à la fin des tenues. «Dessiner le tableau de loge reproduit à notre échelle humaine un analogon du pouvoir du Créateur. Il résulte de la concordance symbolique entre le Temple (représenté par le tableau de loge) et le premier récit biblique de création que l'effacement rituel du tableau de Loge à la fin de chaque tenue symbolise ainsi

---

[38] Vidéo: <tinyurl.com/tableau-de-loge>.

le pouvoir toujours effectif du chaos et sa lutte constante avec l'ordre de l'univers»[39].

Indications pour tracer un tableau de Loge

Le tapis, d'une grandeur proportionnée au local, doit former un carré long, en sorte que sa largeur soit à sa longueur comme 2 est à 3; il est entouré dans toutes ses parties extérieures d'une large bordure à compartiments.

La partie inférieure, ou d'occident, qui fait le tiers de la longueur totale du tapis, représente le porche du temple. Dans cette partie et à l'angle occidental du tableau du côté du nord, est peinte ou tracée la pierre brute, et à l'angle occidental du côté du midi est la pierre cubique; au milieu, entre les deux, mais sur une ligne plus élevée, est figurée la planche à tracer. Ces trois symboles doivent former ensemble un triangle.

La partie supérieure du tapis, à l'orient, forme un carré qui représente le temple intérieur; c'est là qu'est placée, au centre, l'étoile flamboyante à cinq pointes, ayant la lettre G peinte en or au milieu. Dans cette partie, à l'angle oriental du côté du nord, est l'image de la lune dans son plein, et à l'angle oriental du côté du midi est l'image du soleil. Dans le carré supérieur, et tout autour, est figuré un cordon à houppes dentelées dont les nœuds descendent jusqu'à sa partie inférieure. L'étoile flamboyante est entourée des trois bijoux maçonniques formant ensemble un triangle, savoir l'équerre au-dessus, à l'orient; le niveau au-dessous, du côté du midi; la

---

[39] Jacob K., *Tracé du Tableau de Loge en Franc-maçonnerie et ses origines* : <tinyurl.com/trace-du-tableau-de-loge>.

perpendiculaire vis-à-vis, du côté du nord; l'étoile flamboyante formant le centre.

La communication du porche au temple est indiquée au bas de ce carre, a l'occident, par une porte fermée, accompagnée extérieurement de deux colonnes élevées sur leurs bases, et avec leurs chapiteaux, l'une au nord et l'autre au midi: celle du nord porte la lettre J sur le milieu de la hauteur de son fût; au tapis de la loge d'Apprenti, il n'y a aucune lettre sur celle du midi, la lettre de cette colonne étant réservée aux Compagnons, et ne devant point être connue des Apprentis.

On monte à la porte du temple par un escalier de sept degrés peints ou tracés dans la partie du porche, en forme de portion de cercle; le troisième degré en montant forme un palier avec le chiffre *3;* au cinquième degré est aussi un palier avec le chiffre 5; et sur le septième degré est le chiffre 7; là commence le pavé à la mosaïque figuré en losange, et formant un parvis circulaire qui se termine à la porte d'occident, laquelle est fermée.

5 LA PLANCHE À TRACER

En son nom de palette, elle était l'un des attributs de Thot, dieu de l'écriture des paroles divines, les fameux hiéroglyphes.

La planche, du latin *planca*, est une pièce de bois sciée, plus longue que large et nettement plus large qu'épaisse. Le travailleur de la pierre y burinait ou y gravait des lettres, des esquisses de plan, en particulier les formes de référence qui permettaient de retrouver l'angle droit.

La planche à tracer est, également, un rectangle sur lequel sont indiqués les schémas qui constituent la clef de **l'alphabet maçonnique.**

Évoquant la description du tableau d'apprenti, Jules Boucher nous dit à son propos qu'elle est un rectangle sur lequel sont indiqués les schémas qui constituent la clé de l'alphabet maçonnique. On peut en déduire que la disposition des dessins sur les tableaux de loge d'apprentis et de compagnons montre que l'écriture sur la planche à tracer, ombre de la lumière passant par les fenêtres grillagées, n'est pas celle de notre stylo; c'est l'écriture de la lumière. À partir de cette remarque, le rôle de la planche à tracer n'est pas d'écrire un texte ou un discours, mais de découvrir les traces de la lumière autour de nous et en nous. La planche à tracer invite à apprendre à recevoir la lumière, ce qui nécessite une démarche totalement opposée à celle de l'élaboration d'un discours. Et le premier pas pour s'approcher de la lumière est le silence mental.

Dans la *Masonry Dissected*[40], la Planche à tracer fait partie des bijoux immobiles (avec la pierre brute et la pierre cubique à pointe) en précisant leurs usages: «la Planche à Tracer **pour que le Maître y trace ses plans**, la Pierre Cubique pour que les Compagnons éprouvent leurs outils dessus, et la Pierre dégrossie pour que les Apprentis entrés apprennent à travailler dessus».

REAA: «*Désormais, mon frère [sœur], vous travaillerez sur la planche à tracer et vous recevrez votre salaire dans la Chambre du milieu*». C'est ainsi qu'est désigné le lieu de travail du maître. Là, il modifie le plan selon lequel la construction du temple devra s'effectuer. Cette planche sert en permanence de point de repère pour l'ouvrage qui va être réalisé au fur à mesure de l'avancée des travaux. Lorsque l'ouvrage est terminé, il doit se superposer exactement au tracé qui est sur la planche. Pour éviter toute imprécision, cette planche n'est pas dessinée au crayon, mais avec l'extrémité d'une pointe d'acier appelée pointe sèche. Cette manière de procéder n'est pas sans analogie avec la loi d'Hermès révélée dès les premières lignes du texte de la Table d'émeraude qui aurait été rédigée par Hermès Trismégiste, l'inventeur mythique ou réel de l'alchimie: «ce qui est en bas (la planche) est comme ce

---

[40] Samuel Prichard, Masonry dissected Q 46 et 47:
What are the Immoveable Jewels? A. Trasel Board, Rough Ashler, and Broach'd Thurnel. Q47 What are their Uses? A.Trasel Board for the Master to draw his Designs upon, Rough Ashler for the Fellow-Craft to try their Jewels upon, and the Broach'd Thurnel for the Enter'd 'Prentice to learn to work upon: <tinyurl.com/rituel-de-Prichard>.

qui est en haut (la pièce qui est posée dessus) et ce qui est en haut est comme ce qui est en bas».

Le Rite Émulation donne une dimension sacrée à la planche à tracer en faisant **un rapprochement avec le Volume de la Loi Sacrée**. «De même que la Planche à tracer sert au Vénérable Maître pour tracer des lignes et pour dessiner, afin de permettre aux Frères de s'instruire en Franc-maçonnerie, de même le Volume de la Loi Sacrée peut être considéré avec juste raison comme la Planche à tracer spirituelle du Grand Architecte de l'Univers sur laquelle il a tracé Ses Lois Divines et Ses Enseignements Moraux qui, s'ils nous sont familiers et si nous les appliquons, nous conduiront vers cette Demeure céleste, qui n'est pas faite de main d'homme, Éternelle dans les cieux».

Au plan métaphorique, comme la planche à tracer doit servir au maître pour concevoir les dessins qu'il donne pour modèle aux ouvriers, de même, le maître maçon devrait diriger sa conduite de manière qu'elle puisse servir d'exemple aux compagnons et aux apprentis.

Aujourd'hui, le papier, devenu support, est la planche à tracer et le verbe écrire est remplacé par l'expression tracer une planche. La planche est le **lieu de la quête de l'esprit à partir de la matière**.

6 FENÊTRES, DES CADRES POUR QUELLE LUMIÈRE?

Le mot fenêtre se dit en latin *fenestra*, signifiant la voie, l'ouverture mais aussi l'issue.

En tant qu'ouverture sur l'air et la lumière, la fenêtre symbolise la réceptivité. La fenêtre est souvent composée d'une base carrée surmontée d'un arc de cercle, représentant le passage du plan terrestre au plan céleste. Si l'ouverture est ronde, la réceptivité est de même nature que celle de l'œil ou de la conscience. Si l'ouverture est rectangulaire, elle induit une réceptivité de l'ordre terrestre.

Sur le tapis de Loge (au premier et deuxième degré de certains rites), sont représentées des fenêtres grillagées, exprimant la possibilité de faire entrer de la lumière, ou pour les membres autorisés de la loge de regarder au-dehors. Les tapis de loge font figurer ces fenêtres à l'Orient, au Midi et à l'Occident. Elles donnent notamment la marche du Soleil: celle de l'Orient indique le lever du Soleil, celle du Midi le milieu du jour et celle de l'Occident le coucher du Soleil; elles sont des polarisations différentes de la lumière unique. Par celle du Midi parvient le feu purificateur et régénérant. Par celle d'occident sont perçus les rayons déclinant du soleil, annonçant la limitation de la vie terrestre. Par celle de l'Orient, la lumière se lève à nouveau, indiquant la participation de l'initié au cycle cosmique.

On n'en trouve pas au Nord car il n'y a pas de lumière, c'est la colonne des apprentis qui se trouve dans le froid et l'obscurité, ne recevant la lumière que par le reflet de la lune. Selon la plupart des manuels des apprentis, ces derniers se trouvent dans la zone supposée être la moins éclairée de la loge. On peut considérer au contraire que, placés au nord, ils reçoivent l'intensité la plus vive de la lumière de la fenêtre sud qui leur fait face et les éclaire.

L'orientation de la loge est-ouest vient du temps où le monde connu se limitait à la Méditerranée. L'ouest était cette partie au-delà des colonnes d'Hercule, c'est à dire le monde humide au-delà duquel il n'y avait que de l'eau. L'est, par opposition, était le côté sec et chaud d'où venait la lumière avec le lever du soleil, le lever de Dieu. Le sud était le côté de l'air chaud, des vents venant d'Afrique, à une époque où le vent était la parole de Dieu. Le nord était symbole du froid, c'est pour cela qu'aucune lumière, aucune chaleur ne venant de ce côté, il n'y a pas de fenêtres.

Cette disposition était celle des ouvertures lumineuses des loges opératives, ateliers des maçons francs et des œuvriers travaillant sur le chantier des cathédrales. En effet, les loges, à l'abri du regard des profanes, étaient accolées contre le mur sud de la cathédrale, donc privées de la lumière du nord.

D'ailleurs dans les régions froides, le côté Nord des églises ne comporte que peu de fenêtres, voire pas du tout.

Les fenêtres grillagées, dont l'une est à l'Orient, ont une forme de maillage qui peut être aussi bien en losange qu'en carré et, au lever du soleil, **l'ombre du grillage projette une Planche à tracer sur le tapis de loge**.

Sur la Planche à tracer sont indiqués les schémas qui constituent la clé de l'alphabet maçonnique; ils pourraient être considérés comme l'ombre de grillage de fenêtres pour en faire le lieu de l'écriture structurée par la lumière. Le symbolisme maçonnique fait que le papier sur lequel on écrit est appelé «planche à tracer» et que le verbe «écrire» est remplacé par l'expression «tracer une planche». À partir de cette remarque, le rôle de la planche à tracer n'est pas d'écrire un texte ou un discours, mais de découvrir les traces de la lumière autour de nous et en nous. La planche à tracer invite à apprendre à recevoir la lumière, ce qui nécessite une démarche totalement opposée à celle de l'élaboration d'un discours.

Dans I, Rois 6,4 il est rapporté que Le Roi [Salomon] fit à la Maison [de l'Éternel] des fenêtres solidement grillagées. Le talmud explique que **les fenêtres du Temple, à la différence de toutes les autres fenêtres qui font entrer la lumière, étaient conçues à l'inverse pour permettre de la diffuser de l'intérieur vers l'extérieur.**

N'est-ce pas aussi ce que le rituel permet par une «alchimisation» de la lumière profane en lumière spirituelle et fraternelle? Alors n'oublions pas de porter au-dehors l'œuvre commencée dans nos temples.

7 QUE RE-GARDE L'OEIL DU DELTA

Introsum ascendere[41]

La lumière existe da**ns l'obscurité;**
ne voyez pas avec une vision obscure.

L'œil qui voit tout peut être considéré comme un symbole de Dieu manifesté dans son omniprésence, nous dit Albert G. Mackey. Et d'ajouter que dans le Livre des Proverbes;15,3, Salomon y fait allusion lorsqu'il dit: «Les regards de l'Eternel se portent partout, observant méchants et bons».

L'œil était **dans le Delta** et **regardait** le seuil. Je dirais même l'œil était dans le Delta et **gardait** le seuil, ou plutôt, l'œil était **une porte** et **se voyait comme** un seuil. Qu'en penses-tu?

Ola! De quoi parles-tu? Serait-ce une déclinaison de la célèbre phrase de Victor Hugo dans son poème *La conscience*: «l'œil était dans la tombe et regardait Caïn»?

---

[41] Double mouvement de la mystique chrétienne: se tourner vers l'intérieur pour s'élever jusqu'au point indescriptible.

En quelque sorte, à cause du mot «conscience», mais dans mes propositions de phrase il ne s'agit pas de culpabilité, **c'est une rêverie symbolique**; partageons la en essayant de l'expliquer.

Cela se passe dans le temple?
Oui, ici et maintenant.
L'œil, le seul que je vois est dans le Delta lumineux
Oui…
Quand tu dis l'œil était une porte, veux-tu dire que le delta serait une porte?
Oui…
Et quand tu dis: il regarde un seuil, qu'est-ce qu'il peut regarder, ce qui est dans son point de mire en face de lui?
Le seuil qui est entre les colonnes, devant la porte basse?
Oui, voilà!
Je ne suis pas plus avancée, je ne comprends pas grand-chose à tes phrases sibyllines.

Là, dans son Delta, **l'œil regarde** dans son vis-à-vis la porte à l'occident du temple et si je rajoute – comme dans un miroir- et alors interroge-toi: en quoi l'œil serait aussi une porte?

Je tente une réponse possible: parmi les sens symboliques des mots dérivés du champ lexical de l'œil mais aussi de tous ses contraires je retiens: visible et invisible, apparaître et disparaître. L'œil énonce tout ce qui est de l'ordre de l'apparition et du secret. «Il est le passage entre l'intérieur et l'extérieur, entre les profondeurs cachées et ténébreuses de la Terre et la clarté du monde solaire». Naturellement, cela m'évoque la porte basse par laquelle le profane est admis dans le temple lors de son initiation. Donc, le reflet du Delta serait cette porte basse?

C'est ce que je veux dire. Une indication complémentaire pour comprendre la signification du mot œil nous est donnée par l'emploi de ce mot en hébreu.

En hébreu, le mot Schéma, qui veut dire «écoute», est construit sur *cham-oyin*, «là-bas l'œil», c'est-à-dire «là-bas regarde». Écouter, c'est **regarder au-delà** de la proximité des apparences. Écouter, c'est essayer de découvrir le visible et l'invisible. Ainsi, le delta qui regarde la porte du temple, comme dans un miroir, nous indique qu'il y a une ouverture sur cet «au-delà» des apparences que l'on peut franchir. Le delta se reflète dans cette ouverture, il est cette ouverture sur un «au-delà» des apparences.

Et la porte ouvre sur le seuil entre les colonnes! Cette ouverture rend possible le passage d'un mode d'être à un autre, d'une situation existentielle à une autre. Le franc-maçon doit traverser le seuil marqué par les colonnes et se retrouver naissant une deuxième fois spirituellement.

Je comprends mieux pourquoi le pavé mosaïque est associé au seuil marqué par les deux colonnes, J et B. Il devrait être disposé, selon d'anciennes instructions maçonniques, entre elles, à l'entrée du Temple, de façon que l'on soit obligé d'en fouler les dalles pour s'avancer en loge. Le pavé mosaïque est la voie que l'initié doit emprunter. Son pavage guide l'initié confronté aux apparences des alternances de blanc et de noir, sur la voie droite; il maintient celui qui avance dans l'axe de l'Orient en quête de l'unité symbolisée par le delta. Je peux comprendre qu'en entrant je traverse un seuil; mais, comment le delta pourrait être lui-même un seuil? N'est-il pas une limite infranchissable parce que ne débouchant que sur le mur devant lequel il est placé?

Le Delta est placé dans l'espace du temple là où finit la lumière éclairée par la lune et le soleil. Mais, par la vision symbolique d'une unique lumière qui ne se différencie que dans la perception des deux luminaires, le franc-maçon peut s'attacher à voir au-delà des apparences, cessant de percevoir, avec le seul regard dualiste du profane, ce qui oppose les choses au profit d'une vision de la dualité de toute chose, c'est-à-dire de la complémentarité des contraires et de leur coïncidence dans l'unité. La forme ternaire du delta en est le symbole. Alors le mur est à la fois une limite et un au-delà.

Quand tu dis que l'œil dans le Delta garde le seuil, est-ce pour évoquer cet au-delà? De quoi est-il le gardien?

Garder c'est à la fois surveiller et retenir. Reprenons l'idée que la porte basse est le miroir dans lequel se réfléchit le delta. Qu'est-ce qui retient la porte basse?
Des chaînes gardent le seuil de la porte basse. Elles sont un gardien du seuil comme d'autres qui ont pour nom dragon ou illusions ou manque de volonté.

Chaque être en quête d'initiation cherche un centre mystérieux où se trouvent soit un objet, soit un être, soit une parole révélatrice; l'ultime enseignement y est donné de bouche à oreille. Ce lieu particulier ne peut être divulgué à tous. Ce sanctuaire est d'accès difficile et son entrée ne se livre qu'à celui qui en est digne; nous disons libre et de bonnes mœurs. La cérémonie d'initiation fait tomber les chaînes.

Certes, mais de retour dans le temple, il a fallu au nouvel initié trouver le moyen d'entrer, de passer la porte par lui-même. C'est pourquoi l'initiation ne nous est pas donnée. Elle est une avancée à travers les épreuves qui s'imposent à nous. Ce gardien de chaînes, devenu virtuel, nous oblige à entreprendre une action méritoire car, pour triompher, il faut dominer ce qui nous emprisonne, il faut vaincre toutes les difficultés qui ne manquent pas de surgir. Le vieil homme meurt à sa vie profane, libéré de ses chaînes, il renaît dans un monde nouveau qui lui est révélé par les mystères initiatiques où les symboles vivent et entrent en action car travailler sur les symboles c'est faire que les symboles nous travaillent.

Et le Delta garde de son côté, dans le sens de retient, un sanctuaire où se trouve le sens de la quête, serait-ce ...la lumière? Le delta n'est-il pas considéré comme lumineux?

C'est ce que j'aurais dit. Nous essayons de penser la F∴Maç∴, le temple et les rites maç∴ dans leur rapport avec la lumière, tantôt par ce qu'elle rend visible, compréhensible, tantôt par ce qu'elle voile, l'ombre, les ténèbres, voire le noir. Tout au bout du chemin de connaissance, la lumière symbolise finalement la brusque éclaircie de la contemplation, comme ouverture de l'instant sur l'éternité, disparition de la durée du moi, apparition de la présence du soi. La lumière révèle, manifeste, suscite la vision réceptrice; mais par là même elle se diffracte dans le prisme du moi. De ce qui est donné comme visible par la lumière, tout n'est pas forcément la vérité. Il y a de l'écart, du retard, entre le jaillissement et le reflet, entre le sujet et l'objet, entre l'original et sa représentation, nous dirions qu'il y a de l'entropie entre le vrai et le voir. Il est indéniable que Lumière et Ténèbres sont les deux faces d'une même réalité. La lumière voile en dévoilant, les ténèbres

dévoilent en voilant. Ce voir devenu vision n'est-il pas l'œil du Delta lumineux?
L'ego serait alors l'obstacle pour aller au-delà du Delta? L'œil serait notre propre regard et le Delta notre miroir? Ne parle-t-on pas de Maçonnerie spéculative? Il faudrait donc nous perfectionner pour avancer? Alors, c'est quoi ce perfectionnement?

On pourrait en trouver une idée dans le fait que parfois l'œil du Delta lumineux est remplacé dans nos temples maçonniques par quatre lettres en hébreu (יהו ה), écrivant un des 72 noms du D.ieu des hébreux; ce nom est appelé le tétragramme. On le trouve dans la conception mystique de l'évolution de la genèse, depuis l'unité indifférenciée (disons le big bang pour simplifier) jusque dans ses différentes manifestations, évolution se faisant par étapes marquées chacune d'un nom différent du Dieu des hébreux. Le tétragramme, lui, apparaît, lorsque le ternaire des énergies vitales primordial est extériorisé dans le monde de l'émanation[42], indiquant que c'est le lieu de passage et de discontinuité entre les mondes participant de l'Émanation et les mondes manifestés. Ce passage est aussi marqué, dans la même mystique, par le passage de la lumière à la peau de l'homme comme les mots hébreux le révèlent dans leur contenu ésotérique (derrière la peau (צ ו ר) il y a la lumière spirituelle (ר ו א), ces deux mots sont de homonymes, ils ont la même prononciation bien que commençant par une lettre différente.

Martinès de Pasqually, inspirateur du Rite Écossais Rectifié, a écrit avec *Le traité sur la réintégration des êtres,* une

---

[42] Olam assilouth

doctrine chrétienne ésotérique, pour laquelle tout est parti de D.ieu et doit y revenir. L'homme a subi une chute à cause de ses prévarications allant au-delà de ce qu'avait prévu le créateur. L'homme s'est séparé de la conscience de son créateur, il fut rejeté hors de sa lumière et s'est retrouvé emprisonné dans la matière. Ce texte vise essentiellement à entrainer l'initié à faire l'expérience de la réconciliation avec le divin par un voyage intérieur pour le confronter à ce qui le relie à l'infini.

S'agirait-il de retrouver le paradis? Non pas celui du jardin de l'éden! Celui désigné par le mot PARDES, que l'on entend comme paradis, mot formé à partir des quatre initiales P,R,D,S des 4 niveaux de lecture de la Thora[43], pshat, rémèz, derèsh, sod, 4 niveaux de signification ou d'interprétation, qui vont de l'explicite à l'implicite, du noir de l'écriture au blanc qui entoure les lettres; débutant par la lecture littérale, passant par la lecture allégorique, puis philosophique, pour atteindre la lecture secrète. Cette approche serait-elle la clef de l'ouverture de la porte qui ouvre sur ce monde, donc de soulever le voile de l'inconnu et de pénétrer dans le monde où le visible et l'invisible peuvent se rencontrer?

En effet, on peut considérer le Delta, sous son aspect ésotérique, comme la porte de l'accès au mystère du processus de formation des mondes à partir d'une émanation primordiale et cela peut être aussi représenté

---

[43] Pshat (la lecture littérale), Rémèz (la lecture allégorique), Dérèsh (la lecture philosophique), Sod (la lecture mystique ou ésotérique qui est celle de la Kabbale).

par toute image qui embrasse tout ce qui contribue à la création, à sa cosmologie.

Les pythagoriciens l'ont représenté par 10 points en forme de triangle appelé tétraktys, qui n'est pas sans évoquer notre Delta. Le mot tétraktys signifie «quadruple éclat rayonnant»; elle est le Quatre sacré par lequel juraient les Pythagoriciens. Cela représentait le résumé universel de la révélation divine enfermé dans les nombres quatre, trois, deux et l'unité. La tétraktys est un formalisme, une image pour exprimer une vision de la formation de la création, de la structure du monde. L'importance de la *Tétraktys* pythagoricienne, dans n'importe quel type de connaissance cosmogonique et métaphysique est indéniable. D'abord, sous son aspect cosmogonique, c'est l'unité ou le Un se déployant sous quatre aspects différents. **Le Un**, c'est le principe impersonnel, trop souvent appelé Dieu, **c'est** l'unité -ou plutôt **la** singularité– d'où tout est issu, elle est représentée par le *point*. **Le deux**, qui en découle, **est l'énergie**, la *ligne*. Le trois, combinant la monade et la duade et participant de la nature des deux, est le monde phénoménal, la *surface plane*. **Trois** est **le déploiement du temps**. Le quatre, la tétrade (la forme de la perfection) contenant la décade est le *volume* sans lequel il n'y aurait pas de création. Le nombre quatre représente la matière dans ses quatre principes élémentaires: la terre, l'eau, l'air et le feu. Il représente aussi symboliquement l'essence du concret et la solidité. **Quatre est l'espace,** il symbolise le cosmos, le monde puisqu'il y a quatre points cardinaux.

Ensuite sous son aspect métaphysique, on peut conceptualiser la relation Dieu-homme en termes de rencontre de cours d'eau. C'est ainsi que dans la Tradition mystique de la kabbale, le flux de bienveillance divine descendant est désigné sous le nom d'eaux masculines[44], tandis que l'obéissance de l'homme à Dieu et l'accomplissement de ses commandements sont vus comme une rivière remontant de l'homme à D.ieu; ils sont désignés par le nom d'eaux féminines[45]. Si un des ruissellements est appelé la grâce; le second serait le mérite, qui seule permet la descente des eaux masculines.

Je trouve ton raisonnement bien fallacieux; car tu as une façon de dire que nos symboles maçonniques du Delta et de l'œil ne seraient qu'un impératif à une conversion du regard, forcément celui d'un croyant, répondant aux jansénistes et aux jésuites du 17ème siècle qui s'affrontaient à propos de la grâce et du salut. Pour les uns la grâce et le salut sont un pur don divin qui descend sur un individu indépendamment de ses actions et de ses pensées, pour les autres, l'homme a en lui la force de vouloir le bien et la pratique de la morale, ce qui lui apportera le salut comme dans la Tradition de la kabbale.

Mais non, et nous n'avons pas fini, il manque l'essentiel, car chacun reste libre d'interpréter ce qu'est la lumière, chez l'homme et dans l'image archétypale du Temple.
La porte, comme un voile est un symbole qui opère une rupture, une séparation du monde des apparences permettant une projection imaginaire et un franchissement, un dévoilement qui est par sa nature propre, synonyme de découverte du lien entre le visible et l'invisible, mais aussi entre l'apparent et non-apparent.

---

[44] de Mâyim Doukhrim ou MaD
[45] de Mâyim noukvimou ou MaN

Le dévoilement[46] signifie que le réel est bien plus que l'apparence et qu'il faut, en sagesse, rechercher l'harmonie en soi, envers l'autre et au monde pour, avec détermination et force, progresser sur le chemin de la lumière, véritable dévoilement intérieur. Alors, remplaçons le mot «D.ieu» par le mot «mystère», écartant ainsi toute référence à une religion quelle qu'elle soit; ensuite, le mot «grâce» par «potentialité de chaque être», et enfin les mots «pratique de la morale» par les mots «éthique obtenue par un travail sur soi dans ses relations aux autres». Cela donne une meilleure idée de ce que pourrait être l'initiation: *une métaphysique qui se joue là où se joue la relation sociale,* dans nos rapports avec les hommes. C'est l'altérité qui serait alors la source de l'initiation.

Je reconnais que toutes les recherches de sagesse initiatiques indiquent une direction d'évolution, à partir du moi vers le Soi. Il s'agit de trouver l'homme dans son être véridique en mouvement vers le meilleur de lui-même, pour atteindre un ordre éthique, qui instaurera, dans l'existence des hommes, dans leur vie privée et collective, une harmonie leur permettant de s'assembler pour partager la réalité.

L'œil dans la porte nous livre une méthode: 1°) dévoiler ce qui n'est pas apparent, 2°) dessiller son regard en opérant une métamorphose du regard et 3°) lever le voile sur l'entrée vers l'intérieur de l'enceinte qui cache le mystère de la création du monde. La démarche

---

[46] Les rituels et le temple nous offre de multiples dévoilements: la loge en tant que séparation, le langage symbolique (épellation, syllabisation, onomatopées, recherche du sens du mot, parole perdue, essence du mot, souffle), le tableau de loge, les lumières des luminaires et celles des flambeaux, l'étoile flamboyante...

maçonnique suggère – demande même – non pas d'aller vers l'extérieur, vers un autre monde, une autre dimension, vers dieu ou un être supérieur, mais bien d'entrer en soi, de rechercher les secrets de vie, d'amplifier le désir de se connaître, de se perfectionner en son être le plus véridique, plutôt que de quémander au dehors… et rien de trop, car nous sommes notre propre mystère et la clef du mystère universel. Il faut laisser chaque impression, chaque germe de sentiment, mûrir en nous, dans l'obscur, dans l'inexprimable, dans l'inconscient, ces régions fermées à l'entendement; attendre avec humilité et patience l'heure de la naissance d'une nouvelle clarté, et transformer la matière en lumière. Après, le maçon peut retourner dans le monde profane avec ce qu'il est devenu, pour apporter ce qu'il est devenu.

En somme, tout ça pour dire que les symboles du Delta et de l'œil nous désignent les ouvertures et les seuils à franchir pour accéder à notre temple intérieur et en faire un lieu d'accueil de l'autre, fut-il nous-même, avec l'expérience vécue, avec une intention lumineuse en soi et au monde et avec une réalité augmentée du sensible non visible, du subtil, de l'essence, et de l'altérité.

Alors comprends qu'il n'y a pas de porte, tu es la porte, tu es la lumière.

NB: on consultera avec intérêt l'article *Dévoilements, hypostases et principes* du site *Écossais de st Jean*[47].

---

[47] Ecossais de st Jean, *Dévoilement, hypostases et principe* : <tinyurl.com/hypostases-et-principe>.

8 QUE LES LUMIÈRES SOIENT EN LOGE

L'éclairage des lieux de réunion des tenues se fait avec la fée électricité. Les lumières de la Loge, quant à elles, sont données symboliquement par des fenêtres, par des objets porteurs de bougies[48], par des principes vertueux, par des représentations cosmiques, par des officiers…

Les piliers étant aussi appelés flambeaux, colonnes, colonnettes ou Lumières d'Ordre en fonction des Rites et des époques, on réalise vers quel malentendu conduisent les synonymes mais aussi les homonymes. **La confusion est ainsi très apparente du fait des vocabulaires propres à chaque rite qui s'interfèrent sur des significations très différentes.** Qui dit «spiritualité», évoque par association d'idées celle de Lumière, et peu à peu, par incompréhension de l'origine des piliers, le symbolisme de lumière est venu se

---

[48] Aujourd'hui, pour des raisons de sécurité, elles sont interdites et remplacées par des lieds. Mais nous considèrerons que ce sont bien des bougies dont il est question. Ici tout est symbole !

superposer à celui des piliers, pour le plus grand dommage de deux groupes symboliques bien distincts[49]. Essayons d'y voir plus clair.

Les bougies

"*Le sort de la bougie est de brûler.* *Quand monte l'ultime volute de fumée. Elle lance une invite en guise d'adieu. Entre deux feux, sois celui qui éclaire*".[50]

Le *Glossaire théosophique* de H.P.Blavatsky[51] rapporte que La «Sainte Flamme» était le nom donné par les kabbalistes d'Asie orientale (Sémites) à *l'Anima Mundi*, l' «âme du monde». Les initiés étaient appelés «Fils de la Sainte Flamme». La flamme renvoie toujours à la source unique, primitive et inépuisable de toute vie, à laquelle s'allument les «Feux», hiérarchies cosmiques d'entités et de pouvoirs qui se manifestent et interviennent dans l'émanation et la réabsorption des mondes et des êtres. Lumière vacillante et fragile, la bougie est **l'éclairage du cabinet de réflexion** (REAA, RF, RER, MM), **première petite lueur accordée dans les ténèbres à l'impétrant. Dans le temple,** les bougies blanches sur les plateaux, en particulier celle du Vénérable, sont renouvelées au fur et à mesure de leur consumation, jamais éteintes,

---

[49] Comme René Guénon l'écrit: «Une des principales difficultés que nous ayons eu à surmonter a été précisément de parvenir à démêler et à séparer ces deux questions étroitement liées sinon par leur origine, du moins par plus de deux cents ans d'histoire du symbolisme maçonnique spéculatif».

[50] François Cheng, *Enfin le royaume*, Gallimard.

[51] H.P.Blavatsky, *Glossairethéosophique*: <tinyurl.com/dictionnaire-theosophique>.

préservant le feu sans lesquelles elles ne seraient que de la cire.

Il est à remarquer que des bougies de couleurs sont également utilisées. Par exemple au Rite Français Philosophique[52], le Jaune, le Rouge et le Bleu sont représentées par les trois bougies disposées rituellement sur le chandelier du Vénérable Maître. La bougie jaune au Nord-Est; la rouge, au Sud-Ouest; la bleue, au Sud-Est. Elles correspondent symboliquement aux trois moments qui marquaient la journée d'ouvrage du Maçon opératif d'autrefois; le jaune au levant, le rouge au couchant et le bleu pour l'entière journée d'ouvrage comprise entre le levant et le couchant. Également, au cours de la cérémonie d'élévation au 3ème degré au Rite Français Philosophique. Redoutant qu'un terrible malheur ne fût survenu, le roi Salomon fit appeler neuf Maîtres qui avaient toute sa confiance. Il les constitua en trois Loges de Recherche avec pour mission d'aller à la découverte du Très Respectable Maître Hiram. Le Très Respectable Maître transmet à chacun des chefs de ces Loges une bougie, dans l'ordre rouge, jaune et bleue.

Le 12ème Grade du Rite Ancien et Primitif de Memphis Misraïm place sur le chandelier à sept branches, posé sur le naos, des bougies dont les couleurs sont: en partant du sud vers le nord, violet, orange, vert, jaune, rouge, bleu, outremer (elles seront allumées au cours des ritèmes de la réception à ce degré). Une façon d'atteindre l'unité de la «vraie lumière» à travers le prisme de ses diffractions.

Comme une clepsydre, comme un sablier, la bougie éclairée montre le temps qui passe de midi vers minuit, mais aussi ce temps qui épuise la vie pour la conduire à la

---

[52] <tinyurl.com/rituel-rite-francais>.

mort. Devant ce modèle de persévérance à vivre, le franc-maçon, comme la bougie, doit maintenir une flamme érigée vers le ciel et lutter contre les souffles d'air qui l'agitent et le tourmentent au risque de l'éteindre.

Il y a une bougie qui revêt une importance particulière en loge, c'est la flamme pérenne qui brille sur le plateau du Vénérable ou sur le Naos. Elle brille dans le Temple avant même l'entrée des francs-maçons. Et elle brillera encore après la fin de la tenue.

Il faut distinguer la **flamme sacrée** d'avec la lumière de la loge ou **flamme pérenne** qui a été allumée par le commissaire installateur le jour de l'allumage des feux de la loge. Cette dernière est consubstantielle à chaque loge et disparaitrait en cas d'extinction des feux de ladite loge.

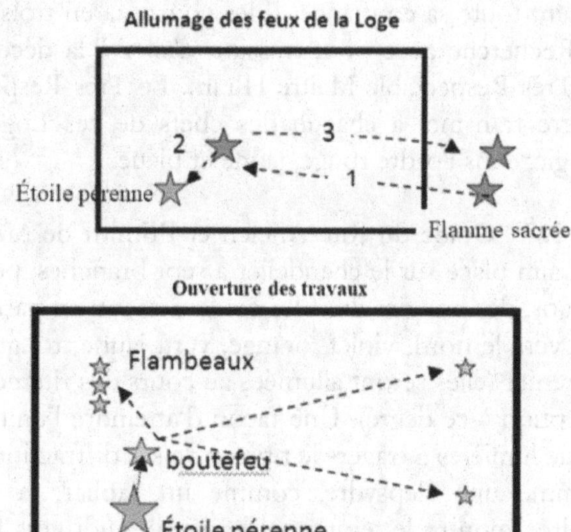

Toutes les bougies (flambeaux, étoiles) qui éclairent les maçons sont **allumées à partir de cette étoile pérenne**

révélant l'Unité qui se multiplie en se divisant. Dans certains rites, cette bougie est confiée, soit à l'expert, soit au Vénérable qui sont censés en entretenir virtuellement la flamme, indiquant par là le rôle spirituel dévolu à ces officiers. Au ROS, elle est appelée la Lumière de la Loge; à la fin de la tenue, elle est dissimulée partiellement sous un boisseau sur laquelle une ouverture triangulaire est pratiquée puis est éteinte par l'Expert seul, porte close, après la sortie des autres présents à la tenue. La particularité du Rite égyptien donne à l'expert la fonction de s'introduire seul dans le Temple, lieu alors plongé dans une totale obscurité et lorsqu'il en ressortira avant la venue des SS et des FF, une lumière brillera. Il s'agira pour l'expert dans le cadre du Rite et avant toute autre action, d'éclairer la Ténèbre en faisant surgir une lumière au centre de la Loge, là où se trouve au centre de cette dernière le Naos.

Flamme, étoile pérenne, boutefeu, flambeau

	Flamme sacrée	Étoile pérenne	Boutefeu	Flambeaux
Quand on l'utilise	Allumage des feux d'une Loge	Présente avant l'entrée en loge	Ouverture des travaux	
Comment on l'allume	Apportée de l'extérieur et à gauche du temple	A partir de la Flamme lors de l'Allumage des feux de la Loge par l'installateur	A partir de l'étoile pérenne	A partir du boutefeu
Qui opère	Le M. des cér. la déplace	Par le GD exp.	le Gd Exp. (ou le M. des cér. ou le Véné selon les rites)	Véné et surv.
Signification de son allumage	La tradition de la FM REAA DH	La transmission de cette Tradition dans la loge	La responsabilité de cette transmission	La transmission sur Sagesse, Force Beauté pour éclairer les travaux
Comment on l'éteint	Rapportée à l'extérieur	Quand tout le monde est sorti	Sans être soufflé	Sans être soufflés

La flamme sacrée représente la Franc-maçonnerie universelle (présente dans le monde profane à travers chaque frère et sœur de la grande chaîne d'union maçonnique autour du monde), elle est hors du temps.

Dans la loge, elle est devenue l'étoile pérenne, la flamme propre à la loge. Cette petite flamme, représente notre acceptation de la tradition du rite pratiqué; elle se retrouve transmise par le «**boutefeu**»(comprendre que c'est le principe igné d'une bougie) sur les divers «niveaux» de lumière des flambeaux de la Loge. Elle n'est jamais au raz du Pavé mosaïque, toujours en élévation, comme une invitation à l'élévation de l'âme.

On doit nommer «étoiles» toutes les bougies allumées: celles qui sont posées sur les trois piliers placés aux angles du tapis de loge. Le quatrième angle étant marqué par une lumière virtuelle et invisible. **Ce sont aussi celles placées sur les flambeaux posés sur les plateaux des officiers.** Leur nombre total est variable selon les rites. Ces flammes sont des lumières. Ces étoiles sont comme la projection de celles qui illuminent la voûte étoilée au-dessus du temple.

Pour éteindre une étoile on ne doit jamais la souffler mais utiliser un éteignoir, une épée ou tout autre objet approprié, cela sous-entend que la flamme ne doit pas être supprimée brutalement de la terre qui l'alimente, mais qu'elle doit être mise en sommeil, pour rester là comme en gestation, en potentiel.

Lors de l'allumage des flambeaux, le passage de la lumière de l'un à l'autre, les déplacements des officiers à cette occasion redessinent sur le plan symbolique le modèle de la création du monde, *fiat lux*. Le rituel construit, grâce au tableau, un temps anhistorique qui échappe donc au temps historique et un espace qui s'est progressivement sanctuarisé, puisque, dans la plupart des rites, on ne saurait aujourd'hui fouler le tapis de loge. Les trois piliers qui entourent le tableau, surmontés très tôt de chandeliers, sont allumés de manière particulière lors de l'ouverture de la loge afin de rendre actif le tableau selon une logique analogue à celle de l'ouverture de la bouche des statues dans l'Égypte ancienne ou des panneaux de retable pendant un office religieux. Les officiers «réactivent» ainsi la lumière intérieure que chaque maçon reçoit lors de son initiation, ils recréent en même temps symboliquement l'univers[53].

Les lumières symboliques

Ces trois lumières ne sont évidemment pas à confondre avec **les lumières symboliques** qui sont évoquées dans les catéchismes des anciens textes[54].

Il convient de rappeler que les plus anciens Rituels déclarés comme «modernes» - se réclamant des Constitutions dites d'Anderson comme le *Recueil précieux de la maçonnerie Adonhiramite*[55] - considèrent que les trois Lumières de la Loge sont **le Soleil, la Lune et le Maître de la Loge**. C'est ainsi que la France les interprétera de 1730 à 1760. Les Irlandais quant à eux, seraient les introducteurs, au milieu XVIIIe siècle, du **Volume de la**

---

[53] Dominique Jardin, *Les tableaux de loge: le secret est dans l'image*: <tinyurl.com/Dujardin-tableau-de-loge>.

[54] La Loge sera éclairée par trois Grandes Lumières qu'on nomme étoiles, placées en triangle autour du Carré Long, c'est-à-dire une à l'Orient et à la droite en pénétrant dans la Loge, la seconde du côté du Premier Surveillant à l'Occident et à la gauche en pénétrant dans la Loge, la troisième du côté du Second Surveillant à l'Occident et à la droite en pénétrant dans la Loge (Rite Écossais Primitif).

[55] <tinyurl.com/Anciens-textes>.

Loi sacrée, de l'équerre et du compas comme étant les trois Lumières de la Loge.

La plupart des premiers catéchismes opératifs contiennent une question concernant le nombre de Lumières dans la Loge. Les réponses varient considérablement.

À partir du travail de recensement d'Harry Carr retenons: Parmi ceux qui précisent **trois lumières**, l'*Edimbourg. Register House MS.*(1696)les décrit comme *the master mason, the other the warden The third the setter croft* p.32; le *Sloane 3329* (vers 1700) comme «de soleil, le maître et l'équerre», p.48; *The Grand Mystery laid open* comme «Père, Fils et Saint-Esprit», p.78; *A Mason's Confession* comme «de soleil, la mer et le niveau» p. 104; *Masonry Dissected (1730)* comme «Soleil, Lune et Maître Maçon ». Le *Chetwode Crawley MS.* (vers 1700) comme «de Maître maçon, les mots et le compagnon artisan», p.37.

The Whole Institution of Masonry (1724) p.81, comme le *Graham MS,*.p. 91, énumèrent **douze lumières**, à savoir: Père, Fils, Saint-Esprit, Soleil, Lune, Maître Maçon, Équerre, Règle, Plomb, Ligne, Maillet et Ciseau. La plupart des catéchismes ne demandent pas la fonction des Lumières Maçon, Équerre, Règle, Plomb, Ligne, Maillet et Ciseau. La plupart des catéchismes ne demandent pas la fonction des Lumières. À partir du *Masonry Dissected (1730)* de Samuel Prichard, qui avait repris le *Wilkinson,* la signification s'est fixée sur «de Soleil, la Lune et le Maître maçon», ou «de Soleil, la Lune et le maître de la Loge».

On comprend, que ces lumières ne sont pas en rapport avec les piliers, puisqu'il n'est pas question de sagesse-force-beauté. *Masonry Dissected* et *Wilkinson* disent: «trois piliers supportent la Loge: sagesse, force et beauté

», formule que l'on aperçoit pour la première fois dans un texte maçonnique; sentence surajoutée au groupe des trois lumières, soleil, lune et maître maçon, avec lesquelles ils ne se confondent pas[5]. Au REAA, on dit: *Il y a, dans la Loge,* trois grandes lumières *et trois petites lumières. Ces dernières* [les petites lumières] *sont les trois étoiles symbolisant les vertus* **qui permettent** *la construction du Temple,* **sagesse, force et beauté.** Quant aux trois grandes lumières, elles ne sont indispensables que pour que la Loge puisse être régulièrement ouverte; pour ce rite elles sont constituées par le volume de la loi sacré, le compas et l'équerre.

Les petites lumières (les flambeaux)

Comme l'explique Roger Dachez[56]: «Dans le système de la Maçonnerie anglaise de la première moitié du XVIIIe siècle, il y a deux chandeliers à l'Est et un au Sud-Ouest. Ils symbolisent le Soleil, la Lune et le Maître de la Loge ce qui en rapport avec la culture chrétienne commune de la théologie médiévale qui associe le soleil à la nature divine du Christ, la lune à sa nature humaine et l'étoile à l'annonce de la venue du Sauveur… Quant à la formule Sagesse, Force et Beauté qui apparaît dans la Maçonnerie spéculative en 1727, elle est déjà présente dans les Anciens Devoirs (Force du Père, Grâce du Fils, Bonté du Saint-Esprit) à l'image des spéculations de théologiens, tel Pierre Lombard au XIe siècle et des ouvrages de pitié populaire du XVe siècle».

Les textes maçonniques, que ce soit le *Rituel de Berne* de 1740, celui des *Trois coups distincts* de 1760, le *Catéchisme*

---

[56] Roger Dachez: <tinyurl.com/sources-systeme-symbolique>.

adonhiramique de 1787, ceux du rite français comme ceux du RER, tous les désignent par **trois grandes colonnes**. Le *Manuscrit Wilkinson* les désigne par **trois grands piliers**. Le REAA parle de **trois forts piliers**, le Règlement général de la franc-maçonnerie de 1805 précise, quant à lui, **trois grands Chandeliers, portant chacun un flambeau**. Quels que soient les termes employés, les 3 piliers signifient toujours **Sagesse, Force, Beauté.** Ainsi, on trouve dans les rituels, comme dans l'instruction au 1er degré du REAA: D Quels sont les appuis de votre Loge? R Elle est fondée sur trois forts piliers. D **Quels sont-ils? R Sagesse, Force, Beauté.**

Le vénérable et les deux surveillants ne sont pas l'incarnation des **constituants** du ternaire. Quand **on élève le temple** sur la base de ce ternaire à l'ouverture des travaux, **les trois officiers n'en sont que les œuvriers** qui lui permettent d'être un ternaire vibratoire de lumière par leurs proclamations, qui bien que variant selon les rites, signifient toujours la même chose à savoir *que la sagesse illumine nos travaux, que la force les soutienne, que la beauté les orne* mais, surtout, que chacun les accueille en lui! Cela est si vrai que le vénérable est, selon les instructions du premier grade, une des trois lumières de la loge avec la lune et le soleil, il n'est donc pas la sagesse, c'est son flambeau qui la porte.

Il persiste que les flammes, appelées étoiles, allumées sur chacun des piliers/flambeaux, tracent un écrin de lumière pour le tableau de loge, le spiritualisant par la triade sagesse-force-beauté qui est notre création intérieure, véritable fondation sur laquelle se construit le temple personnel.

Peut-on suggérer que ces trois lumières ne font qu'une et qu'elles ordonnent un chaos ou les ténèbres?

Au fait, qu'est-ce que la lumière?[57]

---

[57] Podcast avec David Elbaz Astrophysicien au Commissaire de l'Énergie Atomique (CEA) et Serge Haroche Physicien, professeur honoraire au Collège de France, prix Nobel de physique 2012. <tinyurl.com/radio-france-et-la-lumiere-fut>.

Éclats des décors maçonniques

9 PORTER (OU PAS) DES GANTS BLANCS

Dans l'histoire du costume, les gants sont, de prime abord, considérés comme symbole de déférence, de soumission, de loyauté en particulier.

Dès les premiers temps du christianisme, il est d'usage de se déganter devant un supérieur. Cette exigence se retrouve tout au long des siècles: les juges royaux demeurent mains nues dans l'exercice de leurs fonctions, et on ôte ses gants pour entrer dans les Grandes et Petites Écuries du Roi-Soleil. On peut considérer que c'est sur ce registre de respect que le franc-maçon se dégante pour prêter ses serments.

En Occident, vers le VIIe siècle les **gants deviennent des accessoires de luxe et donc de mode.** Les comptes d'Isabeau de Bavière mentionnent en 1408 des gants «brodés tout autour», Montaigne ne s'en serait pas plus passé que de sa chemise et Catherine de Médicis les offre en cadeau très apprécié aux dames de la cour; ils sont alors en soie ou en cuir, si fins qu'ils peuvent être roulés dans une coque de noix, usage qui persistera encore au XIXe siècle, en Angleterre surtout, où la noix est pendue ostensiblement à la taille pour bien marquer la faveur royale. Henri III et ses mignons les affectionnent pour la nuit, imprégnés de musc, d'ambre gris, de civette et de benjoin.

Au Moyen Âge, **en acte de soumission le gant est offert au roi** par ses villes vassales. Lors des cérémonies rituelles du couronnement en France, l'archevêque, en bénissant et en présentant une paire de gants au souverain, lui assure, par ce geste, possession de son domaine et loyauté de ses sujets.

Les gants blancs sont **des masques des mains**. Le directeur de la prison de la Force où était enfermé Lacenaire en 1835 dit de son pensionnaire: «Ses actes comme sa personne étaient en contradiction perpétuelle, il était charitable et assassin, il aimait le sang et ses traits n'exprimaient que la douceur. Il n'était repoussant que par ses mains qu'il avait laides et difformes. C'est par là que j'avais deviné Lacenaire. Ainsi ce tigre cachait-il ses griffes sous ses gants».

Dans le clergé, les évêques, archevêques et papes portent des gants et **seul le pape les porte blancs**. Les gants liturgiques furent toujours à doigtiers distincts et non des mitaines. Chaque doigt relevant d'une symbolique planétaire particulière devait en effet conserver son indépendance pour laisser agir son rayonnement propre, son énergie: Vénus en pouce, Jupiter en index, Saturne pour le médium, le Soleil avec l'annulaire et Mercure, le petit messager, à l'auriculaire.

Les saint-cyriens en tenue d'apparat portent des gants blancs, **symboles du savoir-vivre qui est savoir**

mourir, symboles d'une certaine société où honneur et panache sont inséparables.

Dès 1598, puis 1599, William Schaw, dans ses *Statuts* destinés à réglementer la pratique du métier de tailleur de pierre ou de maçon, évoque l'existence de gants[58] (sans précision de couleur): «Il est ordonné que tous les compagnons paieront, le jour de leur réception, la somme de dix livres pour le banquet, plus dix shillings pour le prix des gants».Il est une maladie professionnelle que l'on n'évoque guère, que l'on appelle la «gale des cimentiers». Cet eczéma orthoergique[59] est dû à l'action caustique brûlante de la chaux alcaline. Pour cette raison, les responsables des chantiers achetaient régulièrement des gants pour les maçons, mais ceux-ci étaient en cuir très épais et souple comme celui du cerf.

Contrairement à la maçonnerie opérative, **au XVIIIe siècle et début XIXe, le port des gants n'était pas encore envisagé dans la maçonnerie spéculative[60].**

Dans la tradition compagnonnique, le «compagnon fini» recevait, avec ses gants de travail, une autre paire de gants blancs, surnommée *la clandestine* parce qu'elle était remise à la femme du récipiendaire «ou lui appartenir

---

[58] Statuts Schaw, art. 10: <anciensdevoirs.com/page-14.html>.

[59] Réaction normale à une substance agressive.

[60] Gravure de Pierre Audouin: *Moment important de la cérémonie d'initiation, le futur maçon découvre la lumière,* XIXe siècle: <gadlu.info/enigme-du-tableau-maconnique-2/>.
Voir également les gravures de Gabanon sur l'album des cérémonies maçonnique du XVIIIe siècle: <tinyurl.com/albums-gabanon>.

d'une autre façon; on n'a point d'inquiétude là-dessus»[61]. Ce n'est qu'après le XVIIIe siècle, que la Franc-Maçonnerie spéculative reprendra cette tradition dès l'initiation.

Combien de mères, d'épouses, de sœurs ou d'amantes reçurent cette manifestation d'amour. Goethe, en offrant à Mme de Staël cette seconde paire de gants, dira: «ce cadeau, infime en apparence, présente la particularité de ne pouvoir être offert par un homme qu'une fois dans sa vie[62] «.Cette tradition est actuellement souvent remplacée par une rose rouge.

La couleur blanche des gants est celle des initiés parce que l'homme qui diminue ses ombres pour suivre la lumière passe de l'état profane à celui d'initié, de pur; il est, spirituellement, rénové. D'un point de vue initiatique, le blanc - synthèse des couleurs de l'arc-en-ciel - évoque la lumière spirituelle.

La couleur blanche des gants prend encore une autre signification au grade de Maître. Dans le *Rituel* de François Bonaventure Joseph du Mont, marquis de Gages (1763), rapporte que l'on instruit le Maître ainsi: "Je vous donne ces gants qui, par leur blancheur, dénotent la candeur des Maîtres et que vous n'êtes du nombre de ceux qui ont trempé les mains dans le sang de

---

[61] Gabriel-Louis Pérau (comme Louis Travenol, l'abbé Pérau veut faire croire qu'il s'est introduit frauduleusement en loge et qu'il livre au public des secrets puisés à bonne source, dans l'intention de s'amuser de la crédulité des gens), *L'Ordre des francs-maçons trahi et le secret des Mopses révélé*, p. 55: <tinyurl.com/gant-la-clandestine>.

[62] Oswald Wirth, *Les Mystère de l'Art Royal: Rituel de l'adepte*, Dervy, 2012.

l'innocent"[63]. L'examen des gants et du tablier viendra renforcer cette idée de suspicion, de trahison des engagements, et même de meurtre. C'est en souvenir de cela que les maçons portent des gants blancs malgré leur chagrin, afin de proclamer qu'ils sont innocents de la mort du Maître Hiram.

Les gants qui doivent être mis à l'entrée du temple, avant d'entrer en loge, ne doivent jamais être ôtés, sauf dans quelques cas particuliers:

~   pour faire la Chaîne d'Union afin que toutes les énergies puissent passer;

~   lors de tout serment ou promesse;

~   au Rite Oriental et Primitif de Misraïm, la main gauche est dégantée au moment de donner son obole au Tronc de la Veuve (Isis), afin que son gant ne soit pas souillé par les vils métaux.

En fait, le port des gants blancs n'est pas obligatoire

«Aux États-Unis, par exemple, ils sont pratiquement inconnus en loge bleue et que, lorsqu'on les porte, ils concernent surtout les officiers. En Angleterre, leur port n'est absolument pas obligatoire en loge – même s'il est très répandu. Aux termes des Constitutions anglaises, c'est un usage qui dépend, théoriquement, de la décision du Vénérable de chaque loge lequel, en pratique, suit la

---

[63] *Rituels du marquis de Gages,* 1763, p. 54: <tinyurl.com/RituelsDuMarquisDeGages>.

tradition locale et le sentiment majoritaire de ses Frères[64]».

Au Rite Standard d'Écosse (ou Écossais d'Écosse), personne ne porte de gants, sauf le Très Vénérable Maître et ses Surveillants.

Normalement, il n'y a pas de gants non plus à Émulation, cependant en France il y en a. Dans certaines Loges, tous les officiers portent des gants, pas les autres frères; dans d'autres Loges personne n'en porte, pas même le Vénérable.

En Écosse -pays des plus anciennes Loges- et en France, dans les Loges qui en reprennent les rituels, la raison de cette exception au port des gants est donnée par des frères écossais eux-mêmes sous forme d'hypothèses:
 un opératif retire ses gants en quittant le chantier pour rentrer dans la loge (car le distinguo est très important dans ce pays et dans ces rituels); on n'a jamais vu un maçon accompli porter des gants, puisque, pour sculpter et graver, aucun artiste/artisan ne porte de gants; les gants sont originaires des officiers en grande tenue de l'armée, des artilleurs ou de l'infanterie de marine; or l'armée bien habillée, qui laissa de mauvais souvenirs en Écosse, est l'armée anglaise![65]

Retenons tout de même que les gants blancs lissent l'identité commune des francs-maçons. Mettre des gants blancs, c'est glisser sa main dans un habit – un uniforme – de sérénité et d'égalité. c'est glisser sa main dans un athanor qui alchimise l'homme en être fraternel.

---

[64] Roger Dachez, sur son blog *Pierres Vivantes, Avec ou sans gants ?*, 6 avril 2014: <tinyurl.com/avec-ou-sans-gants>.
[65] On consultera avec intérêt l'aperçu symbolique des *Gants blancs*: <tinyurl.com/les-gants-blancs>.

Éclats des décors maçonniques

Parce que ganté de blanc, le Franc-maçon n'est ni pouvoir ni violence mais fraternité; parce qu'il n'est pas fusion mais relation; il se dégage d'une assemblée de francs-maçons une impression d'apaisement et de sérénité. On ne peut manquer d'associer les gants blancs au niveau du 1er surveillant dans l'analogie de leur symbolique. Le gant et le niveau invitent à inventer une reliance avec les autres, et c'est dans la chaîne d'union, parce qu'en enlaçant leurs mains dégantées, que les francs-maçons ouvrent aussi leurs cœurs. Ils ont quitté l'étui blanc de la conscience personnelle, l'athanor du gant n'est plus utile, le franc-maçon est devenu confiant et fraternel.

10 LAISSER LES MÉTAUX À LA PORTE DU TEMPLE

Dans ses instructions maçonniques, le pasteur Anderson reprend le texte de I Rois; 6, 7 où il est dit que lorsque l'on bâtit la maison (le Temple de Salomon), on se servit de pierres toutes taillées et ni marteau, ni hache, ni aucun instrument de fer ne furent entendus dans la maison pendant qu'on la construisait.

De même, il est écrit en Exode;20,21: «Si toutefois tu m'ériges un autel de pierres, ne le construis pas en pierres de taille; car, en les touchant avec le fer, tu les as rendues profanes».

Cet interdit est décrit par Maïmonide dans les *Lois de la Maison d'élection*: les dalles du Heikhal et de la Azarah qui se seraient éraillées - ou ébréchées - sont impropres au Culte: elles ne peuvent être réaffectées à un usage profane et doivent être enfouies. Elles sont impropres ainsi qu'il est dit «car tu as posé ton glaive dessus et tu l'as profanée». C'était une loi très stricte au point que celui qui utilisait pour la construction de l'Autel ou de la Rampe une pierre travaillée par du fer était passible de flagellation. Les précautions étaient telles que lorsqu'on crépissait l'Autel deux fois par an, à l'approche de

Pessa'h et de Souccot, on le lissait avec des tissus et non avec une truelle métallique, de peur qu'elle n'érode une pierre et ne la rende inutilisable[66].

Pourtant cette dimension métallurgique se confirme par la surabondance des métaux dans la construction du Temple de Jérusalem, de l'or en particulier, et en la personne d'Hiram qui était un fondeur[67].

Les rabbins Rachi et Nachmanide, quant à eux, expliquent: l'outil forgé en fer est un symbole de destruction, alors que l'autel prolonge la vie.

L'autel est un symbole de réconciliation entre Dieu et l'homme, mais l'outil de fer est un symbole de désunion et de séparation.

En hébreu, le fer, **barzel** (ברזל), est l'acrostiche des noms des femmes de Jacob (Bila, Rachel, Zilpa et Léa) qui donnèrent naissance aux douze tribus d'Israël. Parce qu'ils naissent de 4 mères différentes et opposées (maitresses et servantes), les douze fils de Jacob ne connaîtront l'unité fraternelle, que lorsque sera instaurée l'égalité entre leurs mères génitrices. L'unité entre les 12 tribus d'Israël, condition essentielle à l'avènement de Mashia'h», explique pourquoi il sera autorisé, dans le troisième et dernier Temple, d'utiliser un matériau jusque-là interdit.

Les instructions anglaises du XVIIIe siècle en donnent une raison: c'était le meilleur moyen de montrer

---

[66] Chapitre 1: *Le Temple, Histoire, sa perfection* Verset 16: <tinyurl.com/maimonide>.

[67] La tribu de Nephtali dont il est originaire est celle des forgerons (1R 7, 14). «Son père était un Tyrien, ouvrier en cuivre; lui-même était plein de talent et d'industrie, habile à tous les travaux du cuivre. Il se rendit auprès du roi Salomon et exécuta tous ses ouvrages [de métal]».

l'ingéniosité de la maçonnerie à cette époque, car ces matériaux étaient préparés à une si grande distance de là que, quand on les assemblait, ils s'ajustaient de façon si parfaite qu'on eût dit l'œuvre du Grand Architecte de l'Univers plutôt que celle d'un mortel.

À la fin du XVIIIᵉ siècle, les instructions proposent une autre interprétation: pour que le Temple ne soit pas souillé il y a cette interdiction qui renvoie à Exode, 20, 22 à 25 et Josué, 8, 30,31. Les rituels écossais ont conservé cette version. Parce que les Philistins, après l'envahissement de la Judée, s'étaient arrogés le monopole du fer, empêchant les Hébreux de fabriquer ainsi des armes métalliques, par haine, ces derniers considérèrent le travail du fer comme équivalent à la fabrication d'une idole et passer un outil de fer sur un objet sacré revenait à le souiller.

Les rituels maçonniques reprennent l'interdiction du fer par l'expression «laisser les métaux à la porte du Temple». Au moment de l'initiation, le profane est effectivement séparé de tout objet en métal qu'il aurait eu sur lui. L'allégorie reprend sans doute les propositions précédentes en les développant jusqu'à expliquer que les métaux sont tout ce qui peut, au nom de la tolérance, diviser, violenter, heurter les consciences des frères (et sœurs) réunis en loge. La confiance faite au nouvel initié de dominer cette violence est marquée par le fait que ses métaux lui sont rendus à la fin de la cérémonie d'initiation.

Les ésotéristes considèrent que la présence de métal sur l'impétrant «gêne la circulation des courants [des vibrations] pour que l'acte «magique» de l'initiation s'accomplisse par la rencontre de forces, l'une passive émanant de la matière, l'autre active [et spirituelle] dispensée par le Vénérable par l'intermédiaire de son glaive flamboyant»[68].

Alors que penser du port de l'épée me diriez-vous?

Dans les plus anciennes divulgations maçonniques françaises, imprimées à partir de 1744, il était explicitement précisé que, dans le cadre idéal de la Loge, et pour le temps de ses Tenues, tous les Frères devenaient égaux et on fit choix de l'égalité «par le haut». Tous les Frères étant réputés gentilshommes, tous furent appelés à porter l'épée, qu'ils fussent nobles ou non «à l'extérieur». Tout quidam était annoncé au XVIIIe s. «gentilhomme»(qui vaut deux degrés de noblesse) sauf les domestiques annoncés «particulier»[69]. C'est pourquoi, en loge les bourgeois purent, dès lors, porter l'épée (réservée aux nobles) et ne s'en privèrent pas.

Toutefois, il devenait alors difficile de passer l'épreuve d'initiation une épée au côté, au risque de voir un chandelier enflammé bousculé par l'épée du candidat aveuglé par le bandeau. On connaît la peur d'incendie des Anglais depuis le grand incendie de la City de Londres en 1666. Ce serait pour cette raison que le symbolisme de «laisser les métaux à la porte du temple»aurait été inventé, justifiant la privation de l'épée,

---

[68] Vidéo, Jean-Jacques Gabut, *Les sentiers initiatiques*: <tinyurl.com/glaive-ou-epee>.

[69] Attribué à Gabanon, *Nouveau catéchisme des francs-maçons contenant...*, daté de 1440 depuis le Déluge, avec approbation & Privilège du Roi Salomon, p. 46: <tinyurl.com/nouveau-catechisme>.

entre autres. Les gravures maçonniques du xviiie siècle sont d'ailleurs éloquentes à ce sujet montrant que l'épée n'était pas portée aux initiations du premier degré mais conservée aux autres degrés[70].

Alors, ne faut-il pas considérer que l'expression "laisser les métaux à la porte du Temple" ne concernerait que la cérémonie d'initiation?

Et de là, ne faut-il pas prolonger l'indication de «laisser les métaux à la porte du temple» vers celle de l'expression «abandonner le vieil homme»qui concerne tous les degrés!

Le «vieil homme», l'être naturel, est l'état de l'homme avec ses agissements psycho-matériels, son état conditionné, ses liens ethniques et sociaux, son milieu politique ou religieux, bref, ses limites (Ces illusions se nomment gloire, pouvoir, richesse … vérité, morale …).
L'homme ordinaire est certes intéressant; mais combien plus intéressant celui qui tend à dépasser la condition humaine ordinaire. Il ne doit d'ailleurs pas y avoir de séparation: le quotidien et l'exceptionnel, le profane et le sacré s'apprécient l'un par rapport à l'autre.
Abandonner le vieil homme, c'est laisser place en soi à une totalité remplaçant l'espace saturé d'attachements identitaires et de pensées égotiques qui déforment les puissances qu'il reçoit l'empêchant leur syntonisation.
Le maître franc-maçon est un éclectique, un philosophe qui, foulant aux pieds le préjugé, la tradition, l'ancienneté, le consentement universel, l'autorité, en un mot tout ce

---

[70] Gravures de Thomas Palser: <tinyurl.com/gravures-de-Palser>.

qui subjugue la foule des esprits, ose penser par lui-même, remontant aux principes généraux les plus clairs, les examinant, les discutant, n'admettant rien que sur le témoignage de son expérience et de sa raison; de toutes les philosophies qu'il a analysées, il est capable de s'en faire une particulière et domestique qui lui appartienne.

Une prise de conscience de la fin véritable et une conversion de l'énergie permettent à l'homme «évolué», éveillé à la science véridique de la métamorphose (de la transmutation), de parcourir inlassablement la voie héroïque et gnostique vers le Soi. Comme le dit Yves Albert Dauge: «La Philosophie (amour de la Sophia), la Philologie (amour du Logos), la Philocalie (amour de la Beauté), sont un seul et même esprit; elles doivent le [l'homme] guider vers le monde des sages archétypes».

Jusqu'où cette «purification» active doit-elle porter? Le détachement des passions, des désirs jusqu'à l'*apathéia* (l'ascèse stoïcienne), qui n'aurait que Dieu comme but, ne serait-il pas une mort au monde? La Franc-maçonnerie a-t-elle comme vocation à «générer» des mystiques ou des hommes de la cité?

La mort symbolique du compagnon, mise en scène lors de la cérémonie d'élévation, est l'extinction de la volonté propre du récipiendaire pour accueillir une nouvelle naissance initiatique.

L'«interdiction» de "faire" est une invitation à la méditation pour mieux faire, mais cela est un autre sujet de réflexion.

11 L'ÉTOILE FLAMBOYANTE À CONTEMPLER OU À SUIVRE

> Quand ils aperçurent l'étoile, ils furent saisis
> d'une très grande joie. Mathieu; 2,10[71]

Figurant déjà parmi les graffitis néolithiques, l'étoile flamboyante apparaît, dans la mythologie égyptienne, comme représentant Isis, déesse du mariage et de la famille. Sur le plafond des tombeaux royaux, l'étoile indiquait le monde où séjournaient les dieux. Le hiéroglyphe égyptien qui désigne l'au-delà est une étoile à 5 branches. Lorsque Pharaon, considéré par le peuple comme un dieu vivant, rejoignait au crépuscule de sa vie l'Orient éternel, une nouvelle étoile était censée s'allumer dans le ciel. En Égypte, il n'y eut jamais d'autres formes d'étoiles que celles à cinq branches.

Au IVe siècle av. J.-C., il sera utilisé pour orner les sceaux de la ville de Jérusalem. À la même époque, il orne également les monnaies de nombreuses autres villes du bassin méditerranéen.

---

[71] <saintebible.com/lsg/matthew/2.htm>.

Dans la mythologie grecque, l'étoile flamboyante possédait une valeur thérapeutique en tant que pantalpha de la vie et de la santé. Les pythagoriciens faisaient figurer les lettres YGEIA, formant le nom de la déesse Santé, à chacune de ses pointes[72]. L'utiliser en guise de signature, c'est souhaiter bonne chance et santé au destinataire de la lettre.

Les pythagoriciens choisirent l'étoile à cinq branches pour emblème et en firent le centre de leur méditation. Ils traçaient le pentagramme étoilé d'un seul trait continu (mais il est classique de le tracer à l'aide d'un compas et d'une règle). L'adoption de ce symbole est directement liée à l'observation de la planète Vénus: ses positions successives dans le ciel à chaque période synodique dessinent approximativement un pentagramme autour du Soleil, sur un cycle total de 8 ans.

L'étoile flamboyante est figurée par la coupe d'Hermès, le vase cosmogonique de Platon, l'urne des anciens mystères, l'emblème de la matrice universelle; elle contient le feu illuminateur et générateur, symbole de la gnose qui n'est pas la connaissance dans le sens commun de ce terme mais une compréhension de la cause et du processus de la vie du monde.

L'étoile du Nord, appelée aussi étoile Polaire ou étoile du Berger, se confond avec l'Étoile flamboyante. Elle joue dans la symbolique universelle un rôle privilégié, celui de centre absolu autour duquel, éternellement, pivote le firmament. L'étoile du matin est le symbole du principe

---

[72] Vidéo, Mysteria, *Les mystères du pentagramme*: <tinyurl.com/mystere-du-pentagramme>.

de la vie. La durée des travaux au 12ᵉ degré du REAA s'étire entre l'apparition de l'étoile du matin et celle de l'étoile du soir[73]. Au Rite Emulation, il est fait allusion à l'étoile du matin au grade de Maître. On peut y voir une référence au Christ, ainsi nommé dans l'Apocalypse de Jean: «Je suis la racine et la postérité de David, l'étoile brillante du matin»[74].

Dans l'iconographie symbolique, l'étoile sert à désigner aussi bien la conception que la naissance. La Vierge est souvent représentée nimbée d'étoiles. Quant au Fils, l'étoile lui est parfois associée spécifiquement avec ses cinq blessures: ses deux mains, ses deux pieds perforés, plus la perforation de son côté par la lance du soldat. Ce concept se reflète dans une image du XVIᵉ siècle créée par Valeriano Balzani (il fut secrétaire du cardinal Jules de Médicis, connu comme pape ClémentVII) dans son *Hieroglyphica, sive, De sacris Aegyptiorvm literis commentarii* (ce livre présente in fine un index étonnamment remarquable)[75].

Plus que tout autre polygone régulier, l'étoile à cinq branches inscrite dans le cercle est représentative des lois de l'harmonie, symbolisant le macrocosme et le microcosme[76].

---

[73] La première mention faisant référence à l'étoile pour ouvrir et fermer les travaux se trouve dans le *Tuileur de Lausanne* de 1875, dans lequel on trouve l'étoile du matin et l'étoile du soir.

[74] Jean, Apoc. 22.16.

[75] Pierio Valeriano, *Hieroglyphica, sive, De sacris Aegyptiorvm literis commentarii*:<tinyurl.com/de-sacris-aegyptio>.

[76] Vous en trouverez un développement dans le Livret n°12 *Lueurs philosophiques* de la Collection.

Je vous invite à lire le développement très érudit sur le sujet de la quintuple forme par François Secret et Jean-Pierre Laurant, *Pentagramme, Pentalpha et Pentacle à la Renaissance*[77].

La terminologie *Blazing Star* (étoile flamboyante) apparaît vers 1700 dans le *Manuscrit Sloane 3329*. Elle est même considérée comme un des trois bijoux de la Loge avec le *square pavement* (la pierre cubique) et le *Danty tassley* (bordure dentelée?).

L'étoile flamboyante, permanence de l'idéal, *light of Gospel*, se présente sous la forme d'un cercle rayonnant, avec en son centre un G (Lettre) comme illustrée dans le *Dialogue de Simon and Philip* de 1740[78].

Albert Gallatin Mackey rapporte que dans un Tableau de Loge primitif de l'apprenti entré, copié par Oliver, dans son Historical Landmark (I, 133), sans autre date que celle de sa publication au début du siècle dernier, l'Étoile flamboyante occupe une position proéminente au centre du Conseil de traçage. Oliver dit qu'elle représentait la Beauté et qu'on l'appelait la gloire au centre.

Sur les tableaux de loge de compagnon, près des deux luminaires, on trouve un pentagramme pouvant représenter les cinq autres planètes de l'astronomie

---

[77] François Secret et Jean-Pierre Laurant, *Pentagramme, Pentalpha et Pentacle à la Renaissance:* <tinyurl.com/pentagramme-pentalpha-pentacle>.
[78] *Dialogue de Simon and Philip,* p23: <tinyurl.com/dialogue-simon-et-philippe>.

traditionnelle: Saturne, Mercure, Jupiter, Vénus et Mars. Pour les Rosicruciens, l'interprétation est que les cinq pointes du pentagramme sont les caractères romains correspondant aux lettres qui épellent le nom mystique Yeheshua[79].

Contempler l'étoile

Dans les rituels, après les cinq voyages, il est demandé au compagnon de **contempler** l'étoile flamboyante. L'infini recule indéfiniment devant celui qui marche à sa conquête, il se donne à celui qui le regarde sans avancer. En ce sens, dans l'immobilité, «l'étoile divine est intérieure et invisible; elle éclaire l'âme du voyageur et non le chemin où il marche; elle nous donne assez de foi pour aller au-delà de tout, mais elle ne dispense de rien»[80].

Alors, l'étoile n'est pas un astre mais une représentation héraldique de la divinité. «Le feu central et l'étoile inaccessible ne font qu'un. Ne peut me pénétrer à fond que ce qui me dépasse à l'infini. L'intimité absolue a pour corollaire la distance incommensurable. Dieu est à la fois le centre et l'au-delà de tout». p. 200/224. Cette étoile flamboyante correspond à sa vision intérieure avec l'œil du cœur. Voir avec l'œil intérieur signifie connaître; le flamboiement étant la lumière à l'œuvre. Le compagnon s'assimile symboliquement à l'étoile flamboyante s'il devient ce qu'il voit, un feu ardent».

---

[79]   Gregory H. Peters, *Sacred pentagram*: <tinyurl.com/pentagramme-et-etoile>.
[80]   Gustave Thibon, *L'ignorance étoilée*, p.25: <tinyurl.com/ignorance-etoilee>.

De même, dans *le Catéchisme ou instruction pour le grade d'adepte ou apprenti Philosophe sublime et inconnu*[81], rédigé par le Baron de Tschoudy, il est expressément expliqué à propos de l'étoile flamboyante: D.8. Quelle idée me donnerez-vous de la nature? R. Elle n'est point visible, quoiqu'elle agisse visiblement, car ce n'est qu'un esprit volatil, qui fait son office dans les corps, & qui est animé par l'esprit universel, que nous connaissons en Maçonnerie vulgaire, sous le respectable emblème de l'Etoile Flamboyante. «D9. Que représente-t-elle positivement? R. Le souffle divin, le feu central et universel, qui vivifie tout ce qui existe».

REAA. La place de l'étoile flamboyante est modifiée dans le temple au 3ème degré, elle est à l'occident; elle était [normalement] à l'Orient au 2ème degré. Lors de la marche à reculons de la cérémonie d'élévation au 3ème degré, il peut être ainsi dit dans le rituel: Compagnon **contemplez** l'étoile flamboyante qui vous fait face.

«J'ai vu l'étoile flamboyante», c'est ainsi que s'identifie un compagnon franc-maçon.

La contemplation d'une étoile serait «Voir de l'intérieur de l'être pour le projeter aussitôt à l'extérieur afin d'en révéler le secret aux autres».

Il n'y a pas de contemplation de l'étoile Flamboyante durant une cérémonie maçonnique du Rite Anglais Style Émulation. Par contre, il y a bien la présence de l'étoile Flamboyante sur le Tableau de Loge du 1er Grade.

---

[81] Catéchisme ou instruction pour le grade d'Adepte ou apprenti *Philosophe sublime & inconnu*: <tinyurl.com/apprenti-philosophe>.

Suivre l'étoile

Mais on trouve aussi cette admonition: «Va, et **que l'Étoile flamboyante illumine ton chemin**». Ainsi l'étoile du berger qui invite les rois à la suivre sans s'égarer du chemin en référence à un ordre de chevalerie Française - l'Ordre de l'étoile - créée par Jean Le bon en 1357 dont le cri est : *Monstrant regibus astra viam* (Les étoiles montrent le chemin aux rois).

Au Moyen Âge, l'étoile flamboyante constituait un symbole important des guildes de maçons. L'étoile, marque forte du compagnonnage, fut le point de convergence des chemins de Saint Jacques en un petit village dont le nom espagnol est significatif, La Estella. Pour le pèlerin comme pour le compagnon, la route aux étoiles, chemin partant de Paris et aboutissant à ce village.

En évoquant un chemin, il ne s'agit donc pas d'une contemplation nocturne mais d'une mise en progression de l'être. En découvrant l'étoile, le compagnon voit un chemin tracé par elle. Elle peut-être le flambeau de la connaissance qui perce les ténèbres les plus profondes. Mais pour le croyant, comme on le trouve dans *Le maçon démasqué...* «elle marche devant nous, semblable à cette colonne de feu qui brilla pour guider le peuple dans le désert».[82]

---

[82]*Le Maçon Démasqué Ou Le Vraie Secret Des Francs Maçons*, 1751, p.43: <tinyurl.com/le-vrai-secret-du-franc-macon>.

Pour Jung, l'étoile est un symbole du soi, c'est-à-dire de la plénitude psychique que la gnose psychologique est supposée permettre d'atteindre. Car la route rentre pour ainsi dire dans le voyageur, et le transforme. Plus encore: la voie est toute intérieure: elle consiste dans cette transformation du voyageur. Les rites initiatiques se veulent *Initium* et *télété* représentant les deux aspects de la démarche initiatique maçonnique. L'un est la mise en chemin, l'autre, le chemin et le but. L'initiation maçonnique est un moment/passage (ou plusieurs) et un processus dans la durée (très variable, voire sans fin sur la terre) qui font sens, à la fois comme signification et direction. À lire l'article de Yves Hivert Messeca *L'initiation maçonnique entre tradition et modernité*.[83]

«Dans les conférences révisées par le Docteur Hemming et adoptées par la Grande Loge d'Angleterre à l'Union en 1813, et constituant aujourd'hui les conférences approuvées de cette juridiction, on trouve la définition suivante: l'étoile flamboyante, ou gloire au centre, nous renvoie au soleil, qui éclaire la terre de ses rayons lumineux, dispensant ses bénédictions à l'humanité dans son ensemble et donnant lumière et vie à toutes choses ici-bas»[84].

Un extrait de la réception au degré d'Intendant des bâtiments, donne une interprétation morale de l'étoile. Q. Pourquoi l'Étoile n'a-t-elle que cinq rayons? R. Cela fait allusion aux cinq ordres d'architecture dont on fit usage pour la construction du Temple, aux 5 points de la

---

[83] Yves Hivert Messeca *L'initiation maçonnique entre tradition et modernité:* <tinyurl.com/entre-tradition-et-modernite>.
[84] Albert Gallatin Mackey: < tinyurl.com/etoile-flamboyante>.

fidélité, aux 5 sens, pour que l'homme soit parfait, aux 5 lumières de la maçonnerie et aux 5 parties du monde habitées par les maçons. Q. Quels sont les cinq points de la fidélité? R. D'agir, d'intercéder, de prier, d'aimer et de secourir ses Frères.

L'étoile est contenue dans le volume de la pierre cubique, elle apparaît quand la pierre est fendue sub ascia[85].

Et voilà que la nuit et la lumière s'enlacent dans sa présence scintillante, mais n'oublions pas que le jour éteindra presque toutes les étoiles.

---

[85] Théme développé dans le Livret de la Collection Vagabondages maçonniques, *Éclairage sur la Construction*.

Éclats des décors maçonniques

À PROPOS DE L'AUTEUR

Jacques-André éditeur
TU, Lettres de Passion, 2001 (Prix Laure de Noves)

Éditions de La Hutte
Pour éclairer le chemin, Une approche philosophique de la Franc-maçonnerie, 2011
Vocabulaire de l'apprenti franc-maçon, 2ème édition, 2012
Vocabulaire du compagnon franc-maçon, 2012
Vocabulaire du maître franc-maçon, 2013
Éléments de tracés avec règle et compas, La concordance maçonnique, 2015
Que signifie tailler sa pierre?, 2015

Éditions ledifice.net
Rassembler ce qui est épars, 2020
Vocabulaire de l'apprenti franc-maçon, 3ème édition, 2020
Vocabulaire du compagnon franc-maçon, 2ème édition, 2021

Éditions Ubik
Il était une fois un mythe, Hiram, 2021
La gestuelle maçonnique, 2021

Numérilivre Éditions
Tracés maçonniques, l'esprit de la géométrie, 2022

Éditions Dervy
Dictionnaire vagabond de la pensée maçonnique, 2017 (**prix littéraire de l'Institut maçonnique de France,** catégorie Essais et Symbolisme)
Franc-maçonnerie. Comment passer du profane au sacré, 2023

www.ingramcontent.com/pod-product-compliance
Lightning Source LLC
Chambersburg PA
CBHW012307240726